I0821468

Auf der Suche nach dem Tektonischen Raum | Exploring Tectonic Space

In Ha Jung

Auf der Suche nach dem Tektonischen Raum | Exploring Tectonic Space

Die Architektur von Jong Soung Kimm | Architecture of Jong Soung Kimm

Wasmuth

Übersetzung ins Deutsche
German translation
Irene Eisenhut

Übersetzung ins Englische (Vorwort)
English translation (Preface)
Geoffrey Steinherz

Lektorat | Copy editing
Sigrid Hauser, Geoffrey Steinherz

Graphische Gestaltung und Herstellung
Graphic design and production management
Rosa Wagner

Reproduktionen | Reproductions
REPROMAYER, Reutlingen

Druck und Einband
Printing and binding
fgb, Freiburg

ISBN 978 3 8030 0687 5
Printed in Germany

Vorwort

Wer bei Mies van der Rohe in die Lehre geht, dem wird eine Lektion erteilt, die er sein ganzes architektonisches Leben nicht mehr vergisst. Der Architekt Jong Soung Kimm ist als Student am Illinois Institute of Technology und anschließend als langjähriger Mitarbeiter im Büro von Mies in Chicago durch eine Schule gegangen, die das eigene architektonische Empfinden und Schaffen unwiderruflich geprägt hat. Von der tektonischen Logik über die Raumvorstellung bis in die Handschrift des gebauten Details ist diese grundsätzliche Erfahrung in allen Bauten von Kimm gegenwärtig. Die Bewunderung für Mies van der Rohe durchzieht sein eigenes Lebenswerk als eine Konstante, die jedem seiner Bauwerke etwas Grundsätzliches gibt. Vor allem aber hat Kimm die große Mies-Lektion gelernt, wie man Klarheit, Ruhe und Großzügigkeit in architektonische Werte verwandelt. Nur die wenigsten der Mies-Schüler aus Chicago haben dieses Geheimnis der Mies'schen Architektur für sich erschließen können. Die meisten sind dem Missverständnis erlegen, in technischer Perfektion den zentralen Schlüssel zu ihr zu sehen.

Bei aller Nähe zum großen Vorbild sind die Bauten von Kimm keineswegs epigonal. Sie lassen sich vielmehr wie Mies'sche Lehrstücke betrachten, die uns auf zwei fundamentale Grundsätze verweisen. Der erste lautet: Architektur ist Bau-Kunst. Architektur basiert auf der Konstruktion als der Mutter architektonischer Schönheit. Die Kunst des Bauens besteht darin, das technische Gefüge der konstruktiven Teile in die Erscheinung eines in sich schlüssig gegliederten, harmonischen Ganzen zu übersetzen. Erst dieses Gefühl für Zusammenhang, das über den technischen Aspekt des Konstruierens hinaus den Sinn für Verhältnisse und Proportion betrifft, verwandelt die Konstruktion in eine Ordnung und lässt die tektonischen Mittel zu Mitteln des künstlerischen Ausdrucks werden. Der zweite Grundsatz, von dem die Bauten von Kimm sprechen, lautet: Architektur ist Raum-Kunst. Erst durch die Raumbildung und eine sinnlich wahrnehmbare Raumidee gewinnt die Tektonik als Kunst des sorgfältigen Zusammenfügens von Elementen ihre eigentliche ‚architektonische' Dimension und Bedeutung. Denn der Zweck allen Konstruierens und architektonischen Gestalten ist es, Flächen zur Begrenzung und Umschließung von Räumen herzustellen, die dem Aufenthalt des Menschen dienen.

Diese ‚ewigen' Wahrheiten der Architektur hat Mies mit modernen Mitteln mustergültig nachvollzogen. Er hat die Stahlskelettbauweise nicht nur in eine architektonische Ordnung verwandelt und ihr ein eigenes Formrepertoire abgerungen, sondern hat auch den elementaren architektonischen Vorgang der räumlichen Umschließung durch ein neues Maß an Freiheit ganz entschieden bereichert. Kein anderer Architekt des 20. Jahrhunderts hat wie Mies der modernen Konstruktion ein solches Maß an Offenheit und Großzügigkeit in der Aufteilung des Grundrisses und in der Beziehung zwischen Innen und Außen abgerungen. In der Mies'schen Bau-Kunst wird die Konstruktion zum Träger eines neuen Raumgefühls und verhilft zugleich dem Bauwerk zu einem Erscheinungsbild, dessen Klarheit der Gestalt alles Überflüssige entbehren kann.

Kimms Architektur zeigt uns, dass diese Interpretation der Konstruktion unerschöpflich ist und der architektonische Strukturbegriff auch nach Mies weiterhin Gültigkeit beanspruchen kann. Bedingung dafür ist, diesen Begriff nicht als Abstraktum zu behandeln, sondern ihn als architektonisches Ereignis tatsächlich erlebbar werden zu lassen: als in die Wand übersetzte Tektonik, die durch Relief, Proportion und Sorgfalt im Detail das Verhältnis zwischen Tragen und Lasten, zwischen Rahmendem und Gerahmten anschaulich macht. Ebenso muss dieser Strukturbegriff als architektonisches Ereignis auch in den räumlichen Bedingungen des Bauwerks für den Betrachter spürbar werden und mit Durch- und Ausblicken, Oberflächenwerten in Textur und Farbigkeit der Materialien das Raumerlebnis atmosphärisch verdichten.

In dieser Hinsicht zeigen Kimms Bauten ein hohes Maß an Sensibilität. Sie können der modernen Skelettbauweise in der äußeren Erscheinung eine Bandbreite von Ausdrucksmöglichkeiten abgewinnen, die von modernistischer Kühle bis zu Assoziationen an traditionelle koreanische Palastarchitekturen reicht. Gleichwohl vermögen es seine Innenräume, je nach Bedarf die Atmosphäre von spiritueller Einfachheit, Behaglichkeit oder Opulenz zu erzeugen. Die Verbindung beider Aspekte macht die Qualität dieser Bauten aus, denn Kimm huldigt einer Bau-Kunst, die der Konstruktion und der Wahrnehmung gleichermaßen zu ihrem Recht verhilft.

Fritz Neumeyer

Preface

Whoever apprentices with Mies van der Rohe will receive a lesson they will take with them the rest of their architectural career. As a student at the Illinois Institute of Technology and afterwards employee for many years in the office of Mies in Chicago, the architect Jong Soung Kimm received a training that has indelibly marked his own sensibilities and creativity. From the tectonic logic and the concept of space down to the level of the embedded signature of detail, this fundamental experience is present in all of Kimm's buildings. The admiration for Mies van der Rohe is a constant refrain in his life's work, giving each of his designs something of a foundation. Above all Kimm has learned the great Mies lesson of how to transform clarity, repose and expansiveness into architectural values. Very few of the Mies students from Chicago have been able to unlock the secret of the Mies architecture. Most have succumbed to the error of believing that technical perfection is the key to that secret.

In spite of their kinship with the great paragon, the Kimm buildings by no means lack originality. They are much more like Miesian lessons, which refer us back to two fundamental principles. The first is: *Architecture is the art of building.* Architecture is based on construction as the mother of architectonic beauty. The art of building consists of translating the technical fabric of the constructive elements in the appearance of an internally coherent, harmonious whole. It is this feeling for coherence, that above and beyond the technical aspect of construction reflects a sense for relationships and proportion which imbues the construction with an order and transforms the tectonic means into the medium of artistic expression. The second principle expressed by the buildings of Kimm is: *Architecture is spatial art.* Only with the shaping of space and a sensuously perceptible spatial idea does the tectonic as the art of carefully fitting together constituent elements take on its own 'architectonic' dimension and meaning. The purpose of all building and architectural design is to produce surfaces for the delimiting and enclosing of spaces, which serve human habitation.

Mies exemplarily proved these 'eternal' truths of architecture with modern means. He not only transformed the steel frame construction into an architectural order, wresting from it its own repertoire of form. He also very palpably enriched the basic architectural process of spatial enclosure with a new degree of freedom. No other architect of the 20th century has wrested such a degree of openness and expansiveness from the apportionment of the floor plan and the relationship between interior and exterior. In the Miesian art of building, construction becomes the vehicle for a new feeling for space and at the same time lends the building an appearance whose clarity of design can do without the superfluous.

Kimm's architecture shows us that this interpretation of construction is inexhaustible, and that the architectural structure concept can also exert a claim to validity after Mies. The condition for that is to treat the concept not abstractly but to allow it to be actually experienced as an architectural event: as tectonics transformed into the wall, which with relief, proportion and attention to detail clearly demonstrates the relationship between bearing and load, framing and what is framed. This structural concept as architectural experience must also become perceptible in the spatial conditions for the viewers and atmospherically intensify the perception of space by letting them look through and outside of it, and appreciate the surface values of texture and the colourfulness of the materials.

In this respect Kimm's buildings show a high degree of sensitivity. In their external appearance they can derive a whole array of forms of expression from the skeletal method of construction, ranging from modernistic cool to associations with the traditional Korean palace architecture. At the same time his interiors are capable, depending on the requirements, of generating the atmosphere of spiritual simplicity, comfort or opulence. The combination of both aspects is what constitutes the quality of these buildings, because Kimm pays homage to an art of building which render both construction and perception their due.

Fritz Neumeyer

Einleitung

Ich glaube, Jong Soung Kimms Architektur lässt sich zunächst einmal verstehen, wenn man sich die Entwicklung der Modernen Architektur in Deutschland, den Vereinigten Staaten und Korea ansieht. Kimm hinterfragte die Lehren der Moderne des frühen 20. Jahrhunderts und versuchte, sie der heutigen Zeit anzupassen und für diese neu zu beleben. Dass er sich dabei vor allem auf die Arbeiten von Mies van der Rohe konzentrierte, ist nur allzu verständlich, da er nach 1961 elf Jahre lang in dessen Büro gearbeitet hat. Auf der Basis der von Mies aufgestellten architektonischen Grundsätze ebnete Jong Soung Kimm neuen Raumvorstellungen den Weg, ohne sich dabei den Vorbildern eines übertriebenen technologischen Determinismus oder der Ornamentik der High-Tech-Architektur zu unterwerfen, und antwortete so auf die harsche Kritik, die ab den 1960er Jahren gegen die Moderne Architektur vorgebracht wurde. Kimm maß wie Mies van der Rohe den tektonischen Aspekten der Architektur stets große Bedeutung zu; indem er in diese Lehren jedoch seine eigene reiche intuitive Vorstellungskraft einbrachte, die das innovative Element seiner Architektur kennzeichnet, führte und entwickelte er sie weiter. Es besteht kein Zweifel, dass innerhalb der zeitgenössischen Architektur, deren Rhetorik vor allem Cyberspace-Vorstellungen beherrschen, die Arbeit von Kimm es verdient, neu bewertet zu werden. Sein kraftvoller Einsatz von Stahlelementen ist in der heutigen Architektur sonst schwer zu finden – einer der Gründe dafür, dass seine Bauten, die teilweise vor 20 bis 30 Jahren errichtet wurden, noch heute unsere Aufmerksamkeit erregen.

Während meiner Arbeit an diesem Buch traf ich mit dem Architekten Jong Soung Kimm häufig zusammen und erlebte dabei Momente, die ich nur als kostbar bezeichnen kann. Um einen genaueren Blick auf Kimms Architektur zu erhalten, besuchte ich Chicago und führte Interviews mit dem inzwischen verstorbenen Professor George Danforth und mit Professor David Sharpe vom Illinois Institute of Technology (IIT) wie auch mit John Bowman vom Büro Dirk Lohan. Für ihre Hilfe bei der Herausgabe des Buches bin ich ihnen zu Dank verpflichtet. Die vielen Gespräche mit früheren Angehörigen von SAC International, Ltd. Architects-Consultants, ganz besonders jene mit Professor Seung Hoy Kim, haben mich während des Schreibens stark beeinflusst und ich möchte ihnen allen für ihren großzügigen Einsatz und die unschätzbare Zusammenarbeit danken.

Introduction

I believe that a general understanding of Jong Soung Kimm's architecture can be found in Modern Architecture as it evolved in Germany, the United States, and Korea. Kimm challenged the tenets of early twentieth century Modern Architecture and attempted to reinvigorate it to suit the contemporary times. In particular, it was only natural that Kimm focused on the works of Mies van der Rohe, considering that Kimm had worked in Mies van der Rohe's office for eleven years, starting in 1961. Based on architectural principles of Mies, Jong Soung Kimm paved the way for a new spatiality, without being overwhelmed by ideals of excessive technological determinism and the ornament of High Tech architecture. This was Kimm's response to harsh criticism leveled against Modern Architecture starting in the 1960's. Like Mies van der Rohe, Kimm placed great importance on tectonics in architecture; however, he developed these aspects further by infusing these tenets with his own abundant and intuitive imagination, which defines the innovativeness of Kimm's architecture. Within contemporary architecture where ideas of cyberspace dominate the rhetoric, Kimm's architecture certainly deserves to be re-evaluated. Kimm's powerful use of steel components is rare in contemporary architecture, which is why his buildings, some of which were constructed twenty to thirty years ago, still attract our attention today.

In the process of authoring this book, I had many meetings with architect Jong Soung Kimm, which can only be described as invaluable to me. In order to gain an accurate perspective on Kimm's architecture, I visited Chicago and interviewed the late Professor George Danforth and Professor David Sharpe of the Illinois Institute of Technology (IIT), as well as Mr. John Bowman from the office of Mr. Dirk Lohan.
I must gratefully acknowledge the valuable assistance I received from them in publishing this book. My many discussions regarding Jong Soung Kimm's architecture with former members of SAC International, Ltd. Architects-Consultants, and, in particular, discussions with Professor Seung Hoy Kim, greatly influenced my authoring of this book. I thank them all for their generous input and invaluable collaboration.

Jong Soung Kimms Architektur und Technik

Um die Architektur von Jong Soung Kimm verstehen zu können, muss man zunächst die Beziehungen zwischen Architektur und Technik, die seit der Zeit der frühen Moderne diskutiert werden, genauer untersuchen. Die Vorstellungen, die dabei artikuliert wurden, stützen Kimms Ideen zur Tektonik, die er von Beginn seiner Karriere als Architekt an beharrlich weiter erforschte. Es ist jedoch aus unterschiedlichen Gründen schwer zu definieren, welchen Bedeutungsgehalt ein Diskurs über die Beziehung zwischen Architektur und Technik haben sollte. Das liegt einmal an der Allgegenwärtigkeit von Technik in der Architektur, die bei den ersten abstrakten Entwürfen anfängt und bis zur baulichen Endphase fortdauert. Dadurch gestaltet es sich als ungemein schwierig, einem solchen Diskurs einen bestimmten Schwerpunkt zu setzen, was die Kommunikation unter den Architekten zu diesem Thema nicht gerade erleichtert. Darüber hinaus basieren Einsatz und Definition von Technik auf regionalen, länderspezifischen und lokalen Gebräuchen. Der Begriff „Technik" wird von Land zu Land unterschiedlich verstanden, was selbst bei den scheinbar aneinander angepassten westlichen Ländern in Europa und den Vereinigten Staaten zu beobachten ist. Solche Unterschiede lassen sich durch eine Reihe von Faktoren erklären; der Hauptgrund liegt jedoch im unterschiedlichen Niveau der industriellen Produktion und in den jeweiligen gesellschaftlichen Gegebenheiten der verschiedenen Länder. Hinzu kommt noch, dass sich die Technik mit immer größerer Geschwindigkeit stets weiterentwickelt, wodurch sich ihr Fachgebiet immer wieder neu definiert. Dies wird offensichtlich, wenn man zurückverfolgt, in welchem Maße sich architektonische Formen und Räume verändert haben, nachdem zu Beginn des 20. Jahrhunderts die Stahlbetontechnik eingeführt worden war. Eine aktuellere Veränderung gründet im Einsatz des digitalen Modellbaus und digitaler Baumethoden, die das Gesicht der architektonischen Form verändern.

Die Beziehung zwischen Architektur und Technik muss deshalb in einem engeren Rahmen diskutiert werden. Um diese Ideen weiterzuverfolgen, müssen wir auf Technologie als Konzept näher eingehen. Technik in der Definition dieses Buches bezieht sich auf alle baulichen Systeme und Materialien sowie ihre ästhetische Ausdrucksweise innerhalb architektonischer Parameter. In diesem Fall kann die Beziehung als eine Art Schnittmenge einer Anzahl der ‚logistischen' Bedingungen der Architektur gesehen werden – wie zum Beispiel der Materialproduktion, der Baumethoden, der Baukonstruktionslehre und der Finanzierung – sowie als ein Zusammenspiel von Ideen und Methoden, mit denen die Architekten ihr eigenes Wollen zur Geltung bringen. Analysiert man die Vorstellungen von Jong Soung Kimm zur Technik anhand der verschiedenen Artikel und Interviews, in denen er sie diskutiert, lässt sich erkennen, dass sie in seine Architektur auf folgende vier Art und Weisen einfließt.

Technik und Zeitgeist

Zuerst einmal definiert Jong Soung Kimm wie Mies van der Rohe Technik als „Zeitgeist". Mit diesem historischen Bewusstsein war es ihm von Beginn seiner Karriere als Architekt an möglich, seine Ideen in der Architektur beharrlich weiterzuentwickeln, ungeachtet der verschiedenen Trends, die kamen und gingen. Kimms Versuche, seine Arbeit in das Kontinuum der Modernen Architektur einzufügen und dabei gleichzeitig deren Grenzen auszuloten, liegen in diesen Vorstellungen begründet. In der Diskussion darüber, welchen Herausforderungen sich die Architektur in unserer heutigen Zeit stellen muss, vertritt Kimm folgenden Standpunkt: „Wenn man von Mies van der Rohes Behauptung ausgeht, dass Architektur die räumliche Umsetzung des Zeitgeists ist, finde ich es richtig, Architektur zusammen mit der in unserer heutigen Zeit und durch unsere Gesellschaft entstandenen Technik zu schaffen, und das, indem man ihr ohne Vorurteile und auf der Basis des wissenschaftlichen Geistes der Zeit, in der wir leben, begegnet."[1]

Die Idee, Technik mit Zeitgeist und Architektur zu verbinden, geht im Wesentlichen auf das Bestreben jener intellektuellen Tradition in Deutschland zurück, die seit Beginn des 19. Jahrhunderts Entwicklungen in der Architektur zu definieren suchte. Obwohl sich deutsche Architekten und Theoretiker bemühten, Kunst und Technik miteinander zu verbinden, war diese Aufgabe nie einfach, da beide Bereiche gegensätzliche Eigenschaften aufweisen. Das heißt im Einzelnen: Technik zeichnet sich durch ihren analytischen und induktiven Charakter aus, wohingegen Kunst aus Synthese und Deduktion besteht. Aus diesem Grund suchten deutsche Ar-

Jong Soung Kimm's Architecture and Technology

In order to understand Jong Soung Kimm's architecture, one first needs to accurately examine the relationship between architecture and technology, which began to be discussed in the early Modern era. That discussion supports Kimm's ideas on tectonics, about which he continued research since the beginning of his architectural career. However, it is difficult to define a meaningful discourse about the relationship between architecture and technology for several reasons. First, because of the omnipresence of technology in architecture, from the initial abstract concepts to the final stages of construction, it creates extreme difficulty in setting a focus for such discourse, complicating communication between architects on this issue. Moreover, the uses and definitions of technology are based on regional, national, and local customs. Concepts of technology differ from country to country, even among the seemingly assimilated Western nations of Europe and the United States. Such differences can be explained through a variety of factors; the main reason, however, can be defined as variances in levels of industrial production and social conditions of the different countries. A final reason is that technology continues to evolve at an increasingly rapid pace, thus constantly redefining its own discipline. This becomes clear when one traces to what extent architectural forms and spaces have changed, due to the introduction of reinforced concrete technology in the early twentieth century. A more contemporary shift taking place is the onset of digital modeling and digital construction methods that are changing the face of architectural form.

For these reasons, the relationship between architecture and technology must be discussed within a stricter framework. In order to develop these ideas, we must elaborate upon the concept of technology. Technology, as defined in this book, refers to all structural systems and materials and their aesthetic expression within architectural parameters. In this case, the relationship can be defined as an intersection of a variety of logistical conditions, such as material production, construction methods, structural theory, and finances, and an ensemble of ideas and methods that architects use to project their will. By analyzing Jong Soung Kimm's concepts on technology, as discussed in various articles and interviews, technology intervenes in Kimm's architecture in four ways as follows.

Technology and the Spirit of the Times

First, like Mies van der Rohe, Jong Soung Kimm defines technology as the *Zeitgeist*, or the spirit of the times. In spite of the rise and fall of various architectural trends, Kimm was able to consistently develop his architectural ideas since the beginning of his architectural career, due to this historical consciousness. And Kimm's attempts to place his work within the continuum of Modern Architecture, while newly exploring its limitations, originate from these ideas. While discussing the architectural challenges of our times, Kimm argued the following: "As Mies van der Rohe contended, if architecture is the spirit of times that has been spatially translated, I think it is appropriate to create architecture with technology provided by our times and society through objective approaches based on the scientific spirit of the times in which we live."[1]

The origin of these ideas, linking technology to the spirit of the times and architecture, was essentially inherited from the German intellectual tradition that has attempted to define movements in architecture since the mid-nineteenth century. Although German architects and theorists attempted to integrate art and technology, it was never an easy task as the two fields had conflicting characteristics. More specifically, technology is analytical and inductive, whereas the major characteristics of art are synthesis and deduction. Therefore, German architects explored concepts that merged the two, and as a part of the process, the spirit of the times and the concept of "tectonics" emerged.

Of the two, the *Zeitgeist* positioned science and technology on the historical horizon, enabling their integration with art. An architect who played a pivotal role in this regard is Peter Behrens. "He acknowledged that the most imposing manifestations of his time were the works of modern engineering."[2] And he believed that, "through this, the artistic will of artists could successfully alter the physical and technological environment."[3] These ideas were fully transferred to Mies van der Rohe, who had worked in Behrens's office. Mies absorbed the intellectual tradition of Modern German architecture that started from Karl Friedrich Schinkel, and pursued new technological concepts, which were in line with his times. His technological concepts are closely related to the essence of "*Baukunst* (building art)," which Mies

chitekten nach Konzepten, die beides miteinander vereinen konnten – die Theorie vom Zeitgeist und das „tektonische“ Konzept zählten zu den Ergebnissen.

Es war der „Zeitgeist“, der Wissenschaft und Technik die historische Dimension verlieh, wodurch ihre Verflechtung mit der Kunst möglich wurde. Ein Architekt, der eine zentrale Rolle in dieser Hinsicht spielte, war Peter Behrens. „Er erkannte, dass die Arbeiten des modernen Ingenieurwesens die beeindruckendsten Manifestationen ihrer Zeit waren“,[2] und glaubte, dass „dadurch der künstlerische Wille von Künstlern erfolgreich die physische und technische Umgebung verändern kann.“[3] Mit all diesen Ideen wurde Mies van der Rohe konfrontiert, der zeitweise in Behrens’ Büro arbeitete. Mies nahm die intellektuelle Tradition der deutschen Modernen Architektur auf, die mit Karl Friedrich Schinkel begonnen hatte, und verfolgte neue, seiner Zeit gemäße technische Konzepte. Sie waren eng verbunden mit dem Wesen der „Baukunst“, das Mies über einen langen Zeitraum hinweg zu ergründen versuchte. Seine ersten Versuche, „Baukunst“ zu definieren, stammen aus dem Jahr 1910 und er begann nach dem Ersten Weltkrieg „zu realisieren, dass das Voranschreiten der Technik alle Bereiche unseres Lebens erfasst und dies die Stärke unsere Zivilisation ist“.[4] Mies glaubte, dass die Technik den Kern des Wesens der damaligen Zeit darstellte, was sich denn auch in seinen Schriften und Projekten zwischen 1921 und 1924 klar niederschlägt.

In einem Artikel mit dem Titel *Baukunst und Zeitwille,* der 1924 in der Zeitschrift *Der Querschnitt* erschien, macht Mies van der Rohe einen eindeutigen Vorschlag, wie das Wesen der „Baukunst“ seinen damaligen Ideen gemäß zu verstehen sei. Zuallererst erklärt er, dass „Baukunst immer der raumgefasste Wille der Epoche ist“,[5] und fügt hinzu, dass „all diese ausgezeichneten Bauwerke der Geschichte nicht Werke einzelner Persönlichkeiten, sondern Schöpfungen ganzer Epochen waren. Sie sind reine Träger des Zeitwillens.“[6] Diesem Schluss lagen langwierige Überlegungen zugrunde, und wenn solche Deutungen von „Baukunst“ darauf abzielen, die jeweilige Epoche darzustellen, stellt sich auch stets die Frage, „wie die Zeit, in der er gelebt hat, zu definieren ist“, so dass man ihr eine dementsprechende räumliche Bestimmung zuordnen kann. In Artikeln, die Mies van der Rohe in den 1920er Jahren publizierte, fasste er unsere Zeitepoche in drei Punkte zusammen: säkular, industriell produktiv und unpersönlich. So umreißen auch diese Eigenschaften die Beziehung zwischen Moderner Architektur und Technik und sind auch die Prinzipien, denen Mies’ Studenten einschließlich Jong Soung Kimm folgen sollten. Mies entsprach in seinem Agieren diesen Konzepten, wobei sich die Bedeutung der Industrialisierung für ihn noch weiter verstärkte, als er in die Vereinigten Staaten auswanderte. Er betrachtete Architektur als einen Prozess der Industrialisierung.

Mies’ Versuche, Kunst und Technik über den Zeitgeist miteinander zu verbinden, gingen auch nach seiner Übersiedlung nach Chicago weiter, wobei ihn die in den Vereinigten Staaten weiter vorangeschrittene Technik in seinen Ideen eher noch bestärkte. „Er war sich bei seinem Konzept des Zeitgeistes sicher und der festen Überzeugung, dass Architektur ein Ausdruck von diesem ist.“[7] Jedoch „wurde dieser Glaube starr und litt darunter, dass die von ihm aufgestellten Prinzipien nicht flexibel weiterentwickelt werden konnten“,[8] was postmoderne Architekten, die in den 1970er Jahren auftauchten, veranlasste, sich vehement gegen die scheinbar fatalistischen Ideen Mies van der Rohes zu stellen. Architekten, die zu Mies in einem totalen Gegensatz standen, negierten die in seiner Ideenwelt suggerierte Absolutheit des Zeitgeists. Dieser – so wiesen sie darauf hin – sei vielmehr erstens bereits integraler Bestandteil des von Mies initiierten Diskurses gewesen statt ein eigenständiges Element, seine Theorie würde sich somit nur selbst bestätigen, und zweitens könne man Architektur auch ganz anders erklären. Des Weiteren führten sie an, dass die Bauwerke von Mies gar nicht so praktisch und logisch seien, wie sie aussahen. Robert Venturi kritisierte die Verwendung von Doppel-T-Trägern bei Mies als reine Ornamentik und erinnerte an Pfeiler der Renaissance mit Pilastern oder die gerillten Schäfte gotischer Säulen.[9] Manche Kritiker fügten dem sogar noch hinzu, dass Mies’ architektonische Formen so monoton, kalt und anonym seien, dass sie das urbane Umfeld geradezu verschandelten. Sie behaupteten auch, dass seine Suche nach einer universellen Architektursprache und seine Missachtung von Ort und Funktion Verwirrung gestiftet und nur die Kommunikation erschwert hätten. Charles Jencks führt das Chicago Civic Center von Jacques Brownson als typisches Beispiel an. „Es übermittelt nicht seine wichtige bürgerliche Funktion oder die soziale und

had explored for a long time. He attempted to define the essence of *Baukunst* starting in 1910, and after World War I, he "started to realize that the advancement of technology acts on every part of life and this is the power of civilization."[4] Mies believed that technology thus defined the core nature that represented the times, which is clearly reflected in his writing and projects of the era between 1921 and 1924. In an article titled *Baukunst und Zeitwille*, contributed to *Der Querschnitt* in 1924, Mies van der Rohe clearly proposes the essence of "building art" by integrating ideas he had explored at the time. First of all, he defined that "the building art is always the spatially apprehended will of the epoch,"[5] and he added that "all the excellent buildings in history were not the work of individual personalities but the creations of entire epochs. They are pure representatives of the will of the epoch."[6] This was concluded after long contemplation, and if such definitions of "building art" are aimed at representing the epoch, the question of "how to define the time he lived in" is raised, so that it can be given appropriate spatial definition. In articles written by Mies van der Rohe during the 1920s, he has summarized the epoch of our times in three points: the secular, the industrially productive, and the impersonal. These points define the relationship between Modern architecture and technology and are also principles which Mies's students heed, including Jong Soung Kimm. Mies's activities in the early 1920s were carried out according to these three concepts and, in particular, when he emigrated to the United States, the importance of industrialization became emphasized. He viewed architecture as a process of industrialization.

Mies's attempts to integrate art and technology through the introduction of *Zeitgeist* remained intact, even after his move to Chicago. In fact, the advanced technology of the United States further consolidated his ideas. "He felt sure of his concept of *Zeitgeist* and firm in his conviction that architecture must be an expression of it."[7] However, "such belief took on rigidity and suffered from the inability to provide a flexible, moving development of the principles he laid down."[8] Thus, Postmodern architects that appeared in the 1970s were strongly opposed to the seemingly fatalistic ideas of Mies van der Rohe. Architects, who were at the antipode of Mies, negated the absoluteness of the *Zeitgeist* connoted in Mies's ideas. Instead they argued that the *Zeitgeist* was part of the discourse that Mies van der Rohe had created himself, and that it was self-fulfilling, rather than external to the discourse, and that architecture could be defined through completely different assumptions. Furthermore, they have argued how Mies's buildings are not as practical and logical as they seemed to be. Robert Venturi criticized Mies's use of I-beams as completely ornamental, recalling the applied pilasters on Renaissance pillars or the incised shafts found in Gothic pillars.[9] Critics even added that Mies's architectural forms were so monotonous, cold and anonymous that they spoiled the urban environment. Also, they claimed that Mies's attempts at universal grammar and his contempt for place and function caused great confusion in communication. Charles Jencks took Jacques Brownson's Chicago Civic Center as a representative example. "It does not communicate its important civic function, or the social and psychological meaning of the very significant building task (a meeting place for the citizens of Chicago)."[10]

Such criticism was a grave challenge to students of Mies, including Jong Soung Kimm. Furthermore, Postmodern architects did not emphasize technology as a guiding principle, but rather focused their discussions on how meanings are generated and delivered through architectural forms. Within Postmodernist discourse, architectural forms were considered to represent a semantic system, and building users were considered to be the readers of these architectural languages. In response to these ideas, Jong Soung Kimm defined his criticism as follows:

"The origin of Postmodernism is understandable. By the 1970s, Modernism became too rigid and abstract to provide a sense of familiarity to the general public. Therefore, as criticisms against such limitation of Modern architecture, Postmodernists raised the issues of the environment, context, sense of place, and communication of meanings. Their criticism was reasonable, yet they failed to produce architectural values which were in accordance with our time and could stand comparison with Modernism. Accordingly, what we have to do now is to affirm that the modern time is a time when the spirit of science and technology dominates all aspects of our lives. We need to understand and spiritually accept the objectivity and anonymity meant by the civilization. Only by doing so, we are able to avoid going against the

psychologische Bedeutung dieser äußerst bedeutungsvollen Bauaufgabe (ein Treffpunkt für die Bürger von Chicago zu sein)."[10]

Eine solche Kritik stellte für Mies' Studenten, einschließlich Jong Soung Kimm, eine ernstzunehmende Herausforderung dar. Hinzu kam, dass für die Architekten der Postmoderne Technik keine Leitlinie bildete, die besonders hervorzuheben sei, sondern sie sich bei ihren Diskussionen auf die Frage nach der Entstehung und Übertragung von Bedeutungen mittels architektonischer Formen konzentrierten. Der postmoderne Diskurs betrachtete architektonische Formen als Ausdruck eines semantischen Systems – und die Nutzer der Gebäude als die Leser dieser architektonischen Sprache. In seiner Antwort auf diese Vorstellungen formulierte Jong Soung Kimm seine Kritik wie folgt:

„Das Auftreten der Postmoderne ist nachvollziehbar. In den 1970er Jahren wurde die Moderne zu starr und abstrakt, um der allgemeinen Öffentlichkeit das Gefühl der Vertrautheit zu vermitteln. Als Kritik an dieser Beschränkung der modernen Architektur brachten die Vertreter der Postmoderne die Themen Umwelt, Kontext, Sinn für den Ort und Bedeutungsübertragung zur Sprache. Ihre Kritik war angemessen, dennoch schaffte sie es nicht, architektonische Werte hervorzubringen, die unserer Zeit entsprachen und dem Vergleich mit der Moderne standhalten konnten. Demzufolge müssen wir jetzt nachhaltig bekräftigen, dass die heutige Zeit eine Zeit ist, in welcher der Geist der Wissenschaft und Technik alle Aspekte unseres Lebens dominiert. Wir müssen die von der Zivilisation gewollte Objektivität und Anonymität begreifen und intellektuell annehmen. Nur dann sind wir in der Lage, mit der Zeit zu gehen und uns nicht gegen sie zu stellen. Das heißt mit anderen Worten, die Mission der Architekten im heutigen Zeitalter ist es, zu den rein architektonischen Belangen zurückzukehren und die Moderne bei ihrer Weiterentwicklung zu unterstützen."[11]

Diese Aussage zeigt deutlich Jong Soung Kimms Haltung, zu der er sich schon seit langem bekannte. Er war zu der Überzeugung gelangt, dass seine historische Mission darin bestand, die Entwicklung der Modernen Architektur zu fördern, um sie mit den sich ändernden Zeiten in Einklang zu bringen. Kimm bemerkte, dass Architekten wie Eero Saarinen, I. M. Pei und Louis Kahn die Grenzen der Modernen Architektur verschoben und die Technik flexibler einsetzten. Somit wurde die Technik zum Schlüssel der architektonischen Konzepte Jong Soung Kimms, was seine Arbeiten in einer bestimmten historischen Traditionslinie verankerte.

Technik und künstlerische Schönheit

Zum Zweiten verwendet Jong Soung Kimm die Technik als Mittel, künstlerische Schönheit auszudrücken. Zusammen mit den praktischen Größen des architektonischen Entwurfs – wie Materialität, Proportion, Größenordnung und Detail – spielt die Technik ihre Rolle bei der Umwandlung von Architektur aus dem reinen Akt des Bauens heraus in eine künstlerische Dimension. Kimm stellte in diesem Zusammenhang folgende Behauptung auf: „Mies van der Rohe verwendete das Wort ‚Struktur' anders, als es allgemein verstanden wird. Er gab dem Wort eine philosophische Bedeutung, die sich auf Bauwerke bezog, bei denen durch einfache Proportionen, differenzierte Größenordnungen und eine harmonische Verbindung des Einzelnen mit dem Ganzen eine künstlerische Dimension erreicht worden war. Hier finden wir den Schlüssel zu Mies' Idee von der ‚strukturellen Architektur'."[12]

Kimms Ideen standen in engem Zusammenhang mit dem Konzept der „Tektonik", wie es durch den Prozess der Vereinigung von Technik und Kunst entstanden war. Im Deutschland des 19. Jahrhunderts hatten sich die Architekturkreise mit der Herausforderung konfrontiert gesehen, zwei extrem gegensätzliche Aufgaben miteinander zu verbinden. Eine betraf die architektonische Einbindung neuer Materialien und Baumethoden, die nach der Industriellen Revolution aufgekommen waren, die andere bezog sich auf die Bewegung des deutschen Idealismus, die im 19. Jahrhundert ihr Ende fand.[13] Die deutschen Idealisten wie Hegel, Fichte und Schelling definierten Subjektivität als ein durch und durch modernes Prinzip. Hegel meinte dazu: „Das Prinzip der modernen Welt überhaupt ist Freiheit der Subjektivität, dass alle wesentlichen Seiten, die in der geistigen Totalität vorhanden sind, zu ihrem Recht kommend, sich entwickeln."[14]

Der unvermeidbare Widerspruch zwischen Realismus und Idealismus schuf jedoch eine theoretische Herausforderung: wie die unterschiedlichen Dichotomien – die da wären

times. In other words, the mission of architects in this era is to return to purely architectural concerns and help evolve Modernism."[11]

This assertion clearly displays the stance Jong Soung Kimm had taken for a long time. He became confident that his historical mission was to aid in the evolution of Modern architecture to come into line with changing times. Kimm noted that architects, such as Eero Saarinen, I. M. Pei, and Louis Kahn, had expanded the limitations of Modern architecture and utilized technology in a more flexible manner. Thus, technology was the key to architectural concepts harbored by Jong Soung Kimm, and this established Kimm's works in a historical lineage.

Technology and Artistic Beauty

Secondly, technology is used in Jong Soung Kimm's architecture as a device to define artistic beauty. Combined with the practical dimensions of architectural design, such as materiality, proportion, scale and detail, technology plays a role in the transformation of architecture from the mere act of building to an artistic dimension. In this regard, Jong Soung Kimm made the following contention: "Mies van der Rohe used the word 'structure' differently from its general meaning. Namely, he endowed to the word a philosophical meaning which refers to buildings that have reached artistic dimension through simple proportion, sophistication in scale, and harmonious combination between part and the whole. Here we can discover clues to ideas of Mies's 'Structural Architecture'."[12]

Kimm's ideas were closely in tune with the concept of tectonics that emerged through the process of integrating technology with art. Architectural circles in nineteenth-century Germany were faced with the challenge of integrating two highly contrasting subjects. One was the architectural accommodation of new materials and structural methods that had emerged after the Industrial Revolution. The other was related to the movement of German Idealism that ended in the nineteenth century.[13] German idealists, such as Hegel, Fichte, and Schelling, defined subjectivity as a thoroughly Modern principle. According to Hegel, "the principle of the modern world is the freedom of the subjectivity, the principle that all the essential factors present in the intellectual whole are now coming into their own right in the course of their development."[14] However, the unavoidable contradiction between Realism and Idealism created a theoretical challenge of how to reconcile the differing dichotomies – namely, subjectivity vs. objectivity; human intellectuality vs. objecthood; and artistic creativity vs. the mechanical order of the industrial. Nineteenth-century German architects and theorists attempted to integrate these contradictory aspects through the dialectics of historical evolution. The concept of "tectonics" was developed out of this process, in order "to sublimate reality's problems of architecture spiritually and consider it a new aesthetics."[15]

Consequently, in what ways can the material be sublimated to the artistic? What is the link that connects subjectivity with objecthood? In response to these questions, a number of German architects since Schinkel have explored their own solutions. Gottfried Semper found the solution in *bekleidung*, or cladding. "He viewed the mission of architecture was to transform mundane reality – which is ephemeral and unstable – and transport it into the realm of art."[16] Thus, it can be considered that Semper's theory on tectonics pursues symbolic values through the cladding of buildings, rather than revealing structural systems or materiality. Semper intended to integrate architectural expression and content, ultimately integrating the human mind and its surrounding objects. Such ideas of Semper's are clearly reflected in the architecture of Mies van der Rohe and Jong Soung Kimm. As the structure and walls began to separate through the introduction of new materials, the building surface emerged as an important aesthetic theme. Mies van der Rohe reinvented the surface using screen-like materials and deploying tectonic elements, such as additional I-beams, to reveal its built nature.

The SK Building, designed by Jong Soung Kimm, clearly shows a similar attitude. The architect established an efficient structural system through tubular steel frame, which also created a nimble and stable appearance. The material used for the exterior finish is charcoal-gray color, epoxy-coated extruded aluminum. Steel columns and beams are covered with fire resistance coating, and then clad again with extruded aluminum. The aluminum mullions are designed to be congruent with the structural system; the alu-

Mies van der Rohe, Fifty Feet by Fifty Feet House, 1950–1951
Project | Projekt

Subjektivität kontra Objektivität; menschliche Intellektualität kontra Objektheit und künstlerische Kreativität kontra die mechanische Ordnung des Industriellen – miteinander versöhnt werden könnten. Deutsche Architekten und Theoretiker des 19. Jahrhunderts versuchten, diese widersprüchlichen Aspekte über die Dialektik der historischen Entwicklung miteinander zu verbinden. Das Konzept der „Tektonik" entwickelte sich aus diesem Prozess heraus, um die „in der Wirklichkeit auftretenden Probleme der Architektur geistig zu sublimieren und sie als neue Ästhetik zu erachten".[15]
Wie kann nun das Material zu einem künstlerischen verfeinert werden? Worin besteht das Bindeglied zwischen Subjektivität und Objektheit? Als Antworten auf diese Fragen haben zahlreiche Architekten seit Schinkel eigene Lösungen erarbeitet. Gottfried Semper fand seine in der Verkleidung. „Für ihn lag die Mission der Architektur darin, die irdische Welt – die kurzlebig und unbeständig ist – zu verwandeln und sie ihn das Reich der Kunst zu führen."[16] Somit kann man davon ausgehen, dass Sempers Theorie zur Tektonik symbolische Werte eher über die Verkleidung von Gebäuden verfolgte als dadurch, dass diese ihre Tragwerksysteme oder Materialität offenbarten. Semper wollte architektonischen Ausdruck und Inhalt miteinander vereinen, letztendlich den menschlichen Geist mit den ihn umgebenden Objekten verbinden. Diese Ideen von Semper sind konkret in der Architektur von Mies van der Rohe und Jong Soung Kimm wiederzufinden. Da sich Baustruktur und Wände durch die Einführung neuer Materialien voneinander zu trennen begannen, wurde die Gebäudeoberfläche zu einem wichtigen ästhetischen Thema. Mies van der Rohe erfand sie neu, indem er transparente Materialien und tektonische Elemente einsetzte wie zum Beispiel zusätzliche Doppel-T-Träger, um das Wesen des Gebäudes zu enthüllen.
Bei dem von Jong Soung Kimm entworfenen SK Building offenbart sich eine ähnliche Haltung. Der Architekt schuf durch einen röhrenförmigen Stahlrahmen ein effizientes Tragwerksystem, das gleichzeitig ein leichtes wie auch stabiles Erscheinungsbild ergab. Das bei den Außenflächen eingesetzte Material besteht aus schwarzgrauem extrudierten, mit Epoxy beschichteten Aluminium. Feuerfest ummantelte Stahlstützen und Stahlträger wurden zusätzlich gleichfalls mit extrudiertem Aluminium verkleidet. Die Aluminiumpfosten sind so ausgelegt, dass sie mit dem Tragwerksystem zusammengehen; die Aluminiumverkleidung wurde allerdings nicht nur dazu angebracht, um eine Übereinstimmung mit der Baustruktur auszudrücken. Die „Träger" und „Stützen" aus Aluminium wurden so gefertigt, dass sie um 75 mm hervortraten, wodurch der Umfang ein anderer als der durch die tatsächlichen Tragwerksmaterialien bestimmte war. Durch eine solch durchdachte Ausführung dieser Pfostendetails erzeugte der Architekt geometrische Muster, die das äußere Erscheinungsbild des Gebäudes dominieren. Wie bei der Verkleidung wird hierbei das Stahlrahmengerüst nicht zur Gänze freigelegt, und doch enthüllt das extrudierte Aluminium mit dem von ihm erzeugten gitterartigen Muster das Wesen dieses Tragwerks. Somit dient die Verkleidung nicht nur ihrem ursprünglichen Zweck, sondern versucht, die sich im Inneren befindliche Wirklichkeit auszudrücken, die letztendlich vom Aluminiumvorhang offenbart wird; damit wird die Materialität selbst auf eine höhere geistige Ebene gehoben. Unter diesem Aspekt betrachtet wird Sempers Theorie der Verkleidung als tektonisches Mittel bei Kimm zur vorrangigen Methode, um Technik und künstlerische Schönheit in seiner Architektur miteinander zu vereinen.
Abweichend von Sempers Theorie propagierte Karl Bötticher, ein deutscher Architekturtheoretiker, zum Konzept der Tektonik eine andere Sichtweise. Anders als Semper, der dabei vor allem auf die symbolische Bedeutung der Verkleidung abhob, wollte Bötticher das Tragwerksystem sichtbar machen und betonte, dass die wichtigste Mission eines Architekten das möglichst anschauliche Übermitteln der Gebäudestruktur durch künstlerische Formen sei. Zu diesem Zweck teilte er die Architektur in eine „Kernform" und eine „Kunstform" ein und versuchte, das Verhältnis zwischen den beiden zu bestimmen. Bötticher sah beide als Bestandteile eines organischen Ganzen an, die gleichzeitig auftreten, weshalb eine Trennung von Ornamentik und Baustruktur angesichts der so engen Verknüpfung untereinander auch nicht möglich sei.[17] Als ein gutes Beispiel hierfür verwies er auf die Säulen in griechischen Tempeln mit *Entasis*. Diese Säulen stützen das Dach und bieten gleichzeitig ungemein reiche visuelle Effekte. Auch in der Architektur von Mies van der Rohe und Jong Soung Kimm manifestierte sich künstlerische Schönheit, wenn sie Kernform und Kunstform miteinander verknüpften. Man denke an die acht Säulen in der Berliner

SK Corporation Headquarters Office Building, 1987–1998
Detail view of curtain wall | Detailansicht Vorhangfassade

minum cladding, however, was not merely placed to be in accordance with the shape of the structure. The aluminum "beams" and "columns" were made to protrude by 75 mm, which was different than the actual size of the structural materials. Through such sophisticated treatment of the mullion detail, the architect adopts geometric patterns as a major motif for the building's appearance. Here, as is for the cladding, the actual steel-framed structure is not fully exposed, but the extruded aluminum has been patterned into a grid to reveal the essence of the structural system. Therefore, it is not merely a cladding, but is an attempt to convey internal truth, which the aluminum curtain wall ultimately reveals, and elevates the materiality itself to a higher spiritual plane. In this light, Semper's tectonic theory on cladding is employed as a major method to integrate technology and artistic beauty in Kimm's architecture.

Differing from Semper's tectonic theory, Karl Bötticher, a German architectural theorist, proposed the concept of tectonics from another perspective. Unlike Semper, who highlighted the symbolic meaning of the tectonics of cladding, Bötticher intended to visually expose the structural system, and stated that the most important mission of the architect was to convey the structural system of the building most lucidly through artistic forms. To this end, he divided architecture into core form *(kernform)* and art form *(kunstform)* and tried to define the relationship between the two. Bötticher considered the two to be integrated and occur simultaneously. And as the two were extremely closely linked, it was impossible to separate the ornament from its structure.[17] He cited the columns of Greek temples, which use *entasis*, as a good example. These columns support the roof and simultaneously provide extremely rich visual effects. Artistic beauty that appeared in the architecture of Mies van de Rohe and Jong Soung Kimm was also manifested when the core form and the art form were combined. For instance, the eight columns used in the design of the Neue Nationalgalerie, Berlin, supported gigantic steel-structured grid girders that span as much as 64.8 m, and the clarity through which the structural relationships among materials are emphasized infuse this structure with formative aesthetic symbolism.

Among Jong Soung Kimm's works, the externally expressed space-truss of the Weightlifting Gymnasium for the 1988 Seoul Olympics is viewed as the realization of the tectonic concepts propounded by Bötticher. The architect introduced the Takenaka space-truss system in this building which opened up the interior to a column-free space, in the process producing a unique appearance. In order to sublimate such a structural system into an aesthetic form, the architect clad the structure with steel plates, thereby clearly drawing visual attention for them. This approach is used consistently throughout the building. For instance, although it was possible to install bracing to resist wind forces in several places, the architect concentrated them in the center of four outer walls, designed to combine both artistic and structural purposes. The architect inserted bright-colored aluminum panels and colored glass between the exposed structural elements, contrasting it to the dark-colored steel frame. Through this, he expressed how the structure operated as a whole. As a result, this building explores potentials that Mies van der Rohe had suggested in the Chicago Convention Hall project of 1953. Thus, it can be stated that the ideas of Jong Soung Kimm, who attempted to sublimate technology into artistic beauty, had been handed down from the tradition of German architecture starting from the nineteenth century.

Technology and Optimal Solutions

Thirdly, technology acts as an important means to arrive at optimal solutions in Jong Soung Kimm's architecture. In the process of design, Kimm attempts to pursue solutions that optimally define functionality, space, economic efficiency, user satisfaction, sensitivity to urban contexts, and other formative characteristics. Technology is an important means in realizing these solutions. This is a phenomenon that commonly appears among the followers of Mies, who have attempted to continue the architectural philosophy of Mies van der Rohe, and created new doctrines that are sensitive to their time and place. This was due to the fact that Mies's ideas had changed dramatically upon his move to

Neuen Nationalgalerie, die das gigantische Netz von Stahlträgern stützen, das sich über eine Länge von 64,8 m erstreckt, und die mit der Klarheit, mit der die konstruktiven Beziehungen zwischen den Materialien betont werden, diesem Baukörper einen formgebenden ästhetischen Symbolismus verleihen.
Von Jong Soung Kimms Arbeiten wird das außen sichtbare Raumfachwerk des Weightlifting Gymnasium (Gewichtheberhalle) der Olympischen Spiele von 1988 als ein Paradebeispiel für die Umsetzung der von Bötticher dargelegten Tektonikkonzepte angesehen. Der Architekt arbeitete das Raumfachwerk von Takenaka in das Gebäude ein, wodurch ein stützenfreier Innenraum möglich wurde und sich ein einzigartiges Erscheinungsbild ergab. Um ein solches Tragwerksystem in eine ästhetische Form zu bringen, verkleidete Kimm das Bauwerk mit Stahlplatten, welche die Aufmerksamkeit klar auf sich ziehen. Diese Art der Herangehensweise ist bei dem Gebäude durchgängig beibehalten worden. So wäre es dem Architekten durchaus möglich gewesen, Aussteifungen, um den Windkräften standzuhalten, an verschiedenen Stellen anzubringen, er beschränkte sich aber auf die Mitte von vier Außenwänden und verband so künstlerische mit konstruktiven Zwecken. Der Architekt fügte helle Aluminiumpaneele und farbiges Glas zwischen die sichtbar gemachten strukturellen Bauteile, wodurch er einerseits einen Kontrast zu dem dunkelfarbigen Stahlrahmen setzte und andererseits deutlich machte, wie das Bauwerk insgesamt funktionierte. Als Ergebnis kann festgehalten werden, dass dieses Gebäude Möglichkeiten auslotet, die Mies van der Rohe 1953 in seinem Projekt zur Chicago Convention Hall vorgeschlagen hatte. Es zeigt sich, dass die Ideen Jong Soung Kimms, der hier versucht, Technik in künstlerische Schönheit zu verwandeln, Traditionslinien der deutschen Architektur seit dem 19. Jahrhundert aufgreifen.

Technik und optimale Lösungen

Drittens stellt Technik in der Architektur von Jong Soung Kimm ein wichtiges Mittel dar, um zu optimalen Lösungen zu gelangen. Während der Entwurfsarbeit versucht Kimm, Lösungen zu verfolgen, welche die Bereiche Funktionalität, Raum, Wirtschaftlichkeit, Nutzerfreundlichkeit, Sensibilität gegenüber dem urbanen Umfeld sowie andere gestalterische Eigenschaften bestmöglich erfassen. Die Technik ist dabei ein wichtiges Mittel, sie umzusetzen. Dies ist ein Phänomen, das allgemein bei solchen Schülern von Mies van der Rohe auftritt, die sich bemühten, dessen Architekturphilosophie weiterzuführen, und dabei neue, auf ihre Zeit und ihr Umfeld reagierende Grundsätze entwickelten. Das hat auch damit zu tun, dass sich Mies' Ideen nach seinem Umzug in die Vereinigten Staaten im Jahr 1938 grundlegend geändert hatten. Er realisierte, dass die architektonische Realität dieses neuen Landes anders war als jene in Deutschland, und passte seine Ideen dieser anderen regionalen Wirklichkeit an. Mies modifizierte somit seine Architekturphilosophie bis zu einem gewissen Grad – hier ganz im Einklang mit dem amerikanischen Ideal des Pragmatismus und Amerikas fortgeschrittenem industrialisierten Produktionssystem entsprechend.
„Technology and Architecture", von Mies van der Rohe im Jahr 1950 verfasst, zeigt seine neue amerikanische Haltung, die sich auf neue Theorien und Ideale zu Fragen der Technik gründet, wie er sie in seiner neuen Heimat entwickelt hatte. In diesem Artikel schreibt Mies, dass „Technik weitaus mehr ist als nur eine Methode. Sie ist eine Welt für sich".[18] Diese Aussage beinhaltet gleich zwei Veränderungen, die auf die starke Wirkung der neuen technischen Ordnung Amerikas auf Mies zurückzuführen sind. Eine besagt, dass sich Technik zu einer unabhängigen Welt entwickelt und eine neue Ordnung erschafft. Diese Vorstellungen Mies van der Rohes wurden von vielen seiner Studenten voll und ganz übernommen, so auch von Jong Soung Kimm, der meinte: „Wenn wir uns zum Beispiel erfolgreiche Studenten von Mies van der Rohe betrachten, wie Myron Goldsmith und Jacques Brownson, können wir feststellen, dass sie eher neuen Dimensionen nachgehen als Mies' Arbeiten nachzuahmen. Das liegt nicht daran, dass sie bewusst versucht haben, anders als Mies zu sein, sondern daran, dass sie nach optimalen Lösungen suchten, ungeachtet vorgefasster Meinungen, wobei sie mit Mies' Erbe ‚philosophisch' verfuhren. Ein getreues Kopieren von Mies' Werk wäre unangebracht. Das Problem ist nicht, ob etwas der Arbeit von Mies ähnelt oder nicht. Wichtiger ist es, ‚unter den gegebenen Umständen sein Bestes zu geben'."[19]

Mies van der Rohe, Cantor Drive-in Restaurant, 1945–1946
Project | Projekt

Mies van der Rohe, Chicago Convention Hall, 1953–1954
Project | Projekt

The Weightlifting Gymnasium for the 1988 Seoul Olympics, 1984–1986, west façade | Das Weightlifting Gymnasium für die Olympischen Spiele in Seoul von 1988, 1984–1986, Westfassade

the United States in 1938. Mies realized that the architectural reality of this new country was different from that of Germany, and accordingly adapted his ideas to this regional reality. Mies thus modified his architectural philosophy to some degree, corresponding to American ideals of pragmatism and reflecting on America's advanced industrialized production system.

"Technology and Architecture," written by Mies van der Rohe in 1950, demonstrates a new American stance, derived from new theories and ideals on technology, developed in his adopted land. In the article, Mies wrote that "technology is far more than a method. It is a world in itself."[18] This statement connotes two changes, spurred by the intense effect the new American technological order had on Mies. One is that technology emerges into a sovereign world, generating a new order. These ideals were embraced wholeheartedly by students of Mies's, including Jong Soung Kimm, who stated: "If we take examples of successful students of Mies van der Rohe, such as Myron Goldsmith and Jacques Brownson, one can discover that they are exploring new dimensions, rather than imitating Mies's works. This is not the result of the fact that they have been consciously making efforts to be different from Mies, but it is considered that they have explored optimal solutions without any preconceptions while adopting philosophical approach to the heritages of Mies. Faithfully copying Mies's work is not proper. The problem is not whether it is the same or different from that of Mies. What is more important is to 'do one's utmost under given conditions'."[19]

Kimm's theories on technology were directly influenced not only by Mies, but also by his disciples, the Chicago Miesians. Jong Soung Kimm confessed: "I watched their activities in Chicago and it is highly likely that I was unconsciously affected by them."[20] Chicago Miesians are defined as practitioners who had been educated at IIT or Mies's office and were the main players in the Second Chicago School of the 1960s. Their activities took place often anonymously in large architectural offices, such as Skidmore, Owings and Merrill (SOM) or C. F. Murphy Associates.[21] Key architects at these offices had been greatly influenced by Mies's architectural principles. Myron Goldsmith, ranked as one of Chicago's leading Miesians, worked at Mies's office, and joined SOM

Kimms Theorien zur Technik wurden nicht nur direkt von Mies, sondern auch von seinen Schülern, den Miesianern von Chicago, beeinflusst. Jong Soung Kimm gab zu: „Ich beobachtete sie bei ihrer Arbeit in Chicago, und es ist gut möglich, dass ich unbewusst von ihnen beeinflusst worden bin."[20] Chicagoer Miesianer werden als Praktiker beschrieben, die entweder am IIT (Illinois Institute of Technology) oder in Mies' Büro ausgebildet worden waren und zu den Hauptvertretern der Zweiten Chicagoer Schule der 1960er Jahre gehörten. Oft arbeiteten sie in den großen Architekturbüros wie zum Beispiel Skidmore, Owings and Merrill (SOM) oder C. F. Murphy Associates,[21] ohne dort namentlich in Erscheinung zu treten. Die Architekten, die in diesen Büros eine Schlüsselrolle einnahmen, waren in hohem Maße von Mies' Architekturprinzipien beeinflusst. Myron Goldsmith, der zu den führenden Miesianern Chicagos zählte, war ein Mitarbeiter von Mies und trat 1967 als Partner in das Büro SOM Chicago ein, wo er das Brunswick Building entwarf und am Entwurf von bedeutenden Hochhäusern beteiligt war, so auch am Hancock Center und dem Sears Tower. Unterdessen lehrte Jacques Brownson am IIT, bevor er 1967 als Partner zu C. F. Murphy Associates stieß und dort das Chicago Civic Center entwarf, das später in Richard J. Daley Center Chicago umbenannt wurde. Gene Summers arbeitete für eine beträchtliche Anzahl von Jahren im Büro von Mies und schloss sich dann ebenfalls 1967 als Partner C. F. Murphy Associates an, um dort das McCormick Place Convention Center[22] zu entwerfen. Kimm betont, dass diese Spezialisten die ursprünglichen Prinzipien von Mies in ihren späteren Projekten weiter ausgebaut hätten, und er war sich voll bewusst, unter ihrem Einfluss zu stehen, als er sich in Korea niederließ und ein Büro eröffnete, das schließlich einhundert Designer beschäftigte.

Das Konzept der „optimalen Lösungen" bei Mies hatte aber höchst vielschichtige Auswirkungen, die einen ins Lager eines technischen Determinismus oder gleichförmigen Funktionalismus führen konnten. Dort wurden die Intentionen von Architekten rationalisiert, wobei jedes gründlichere Nachdenken über architektonische Ontologie fehlte. Tatsächlich hatte die gegen die Chicagoer Miesianer vorgebrachte vornehmliche Kritik denn auch nichts mit deren technischen Errungenschaften zu tun, die sich durch Vielfältigkeit und Erfolg auszeichneten, sondern mit ihrem gleichförmigen technischen Determinismus. Obwohl die Chicagoer Miesianer ungemein große und ikonenhafte Gebäude schufen, betrachtete man ihre Arbeit allgemein als den gescheiterten Versuch, sich mit der höheren geistigen Welt der Architektur Mies van der Rohes auseinanderzusetzen. Die Kritiker betonten weiter, dass es den Chicagoer Miesianern nicht gelungen sei, die dialektischen Beziehungen der dichotomen Ideen, die Mies van der Rohe während seiner Jahre in Deutschland aufgenommen hatte, richtig zu verstehen; sie hätten seine Arbeiten als Endprodukte genommen und nur technisch weiterentwickelt. Bei manchen Bauten führten überzogene Größenverhältnisse zu Einbußen an architektonischer Qualität, wodurch, laut Meinung dieser Kritiker, Mies' Versuche, Technik und künstlerische Schönheit miteinander zu vereinen, nicht angemessen weitergeführt worden seien.

Jong Soung Kimm setzte sich mit den Problemen des technischen Determinismus in seiner Masterarbeit dezidiert kritisch auseinander.[23] Auf der einen Seite akzeptierte er die Ideen der Chicagoer Miesianer, auf der anderen Seite waren sie ihm aber auch suspekt. Er zollte dem Einfluss von Mies' Schülern in Chicago Anerkennung, lehnte aber ihren starren technischen Determinismus ab. Kimm war der Meinung, dass diese Ideale nur auf amerikanischem Boden gedeihen konnten, es aber schwierig sein würde, sie in anderen Ländern umzusetzen – was sich dann auch durch einen Vergleich zwischen den oben erwähnten Gebäuden in Chicago und dem von Kimm entworfenen Weightlifting Gymnasium der Olympischen Spiele von 1988 gut belegen lässt. Hier interpretierte Kimm neue Aspekte von Mies' Architektur. Obwohl die Sporthalle vom Convention-Hall-Projekt von Mies inspiriert wurde, hebt sie sich in der Entwurfsmethode deutlich von den Bauten Gene Summers und anderer Miesianer Architekten in Chicago ab. Zwar kam auch hier dem Tragwerksystem große Bedeutung zu, doch blieb – anders als in Chicago mit den dortigen exzessiven Ausmaßen – die Größe im Rahmen. Stattdessen offenbarten der raffinierte Einsatz von natürlichem Licht in Zusammenhang mit dem Raum, von exponierten Bauelementen und entmaterialisierten Verkleidungsmaterialien in einer weitaus anspruchsvolleren Weise Kimms einzigartige Sensibilität. Auf der einen Seite kann sich das Gebäude neuer technischer Errungenschaften rühmen, auf der anderen lotet es aus,

Weightlifting Gymnasium for the 1988 Seoul Olympics, Interior view of second floor lobby
Weightlifting Gymnasium für die Olympischen Spiele in Seoul 1988, Innenansicht der Lobby im zweiten Stockwerk

Chicago as partner in 1967, where he designed the Brunswick Building, and was involved in the design of significant skyscrapers, including the Hancock Center and the Sears Tower. Likewise, Jacques Brownson was teaching at IIT, and finally joined C. F. Murphy Associates, where he designed the Chicago Civic Center, later renamed the Richard J. Daley Center in Chicago. Gene Summers worked at Mies van der Rohe's office for a significant number of years, and likewise joined C. F. Murphy Associates in 1967 as partner, where he designed the McCormick Place Convention Center.[22] Kimm states that these practitioners had expanded upon the original principles of Mies in their subsequent projects. And with due awareness of their influence, Kimm settled in Korea and began an office that eventually employed one hundred designers.

However, the Miesian concept of "optimal solutions" had considerably ambiguous effects, which could devolve into camps of technological determinism or uniform functionalism. These were used to rationalize the intentions of architects, and were not supported by deep reflection over architectural ontology. In fact, a major criticism leveled at the Chicago Miesians did not have to do with their technological accomplishments, which were varied and successful, but had to do with their uniform technological determinism. It was generally assessed that, although the Chicago Miesians produced tremendously tall and iconic buildings, they failed to reflect on the higher spiritual world of Mies van der Rohe's architecture. The critics continued to state that the Chicago Miesians failed to properly understand the dialectic relationships of the dichotomous ideas that Mies had absorbed during his years in Germany, and they accepted his works as final products and merely developed them technologically. In the case of some buildings, exaggerated scales led to degradations in architectural quality, and thus Mies's attempts at unifying technology and artistic beauty were not, according to the critics, properly maintained.

Jong Soung Kimm lucidly criticized problems of technological determinism in his master's degree dissertation.[23] On the one hand, he accepted the ideas of the Chicago Miesians, and on the other hand, he was wary of them. He acknowledged the influence of the Mies disciples in Chicago, yet rejected their rigid technological determinism. Kimm considered that these ideals were only possible on American soil, but difficult to realize in other countries. This is well illustrated in the comparison of the aforementioned buildings in Chicago with the Weightlifting Gymnasium of the 1988 Seoul Olympics designed by Kimm. Here, Kimm's architecture interpreted new aspects of Mies's architecture. Although the gymnasium was inspired by Mies's Chicago Convention Hall project, the method of designing the building is clearly different from that of Gene Summers and other Miesian architects in Chicago. Although, the structural system still carried great importance, its scale was not expanded excessively, as was done in Chicago. Instead, the use of subtle natural light and space, exposed structural elements, and dematerialized cladding materials disclosed, in a far more sophisticated manner, Kimm's unique sensibilities. The building boasts its new technological prowess on the one hand, and explores the unique meanings that light renders to space on the other. From these moments in Kimm's architecture, we can clearly note the differences of his approaches to those of the disciples of Mies, and define Kimm's architectural trajectories in his subsequent projects. Kimm's approaches are well-reflected in the office buildings he designed in Korea. He adopted different approaches from the Miesian architects in Chicago and it is argued that this is largely attributable to the different local conditions and contexts. In 1978, when Kimm returned to Seoul, Korea's industrial production capability lagged far behind that of the United States, and the local context greatly influenced Kimm's design. For instance, in the design of office buildings, Kimm used windows to naturally ventilate interior spaces. This is a reflection of Korea's unique climatic conditions, in which natural ventilation is quite adequate for daily living for more than six months in a year. Due to these ideas, the façades of offices designed by Kimm appear rather complex, compared to Mies's buildings in the United States. While designing the SK Building, natural ventilation was the driving initial concept. Such ideas are clearly indicated in the initial bird's-eye view rendering of the building. However, when construction began, such architectural intentions were overturned by the client, and in the end, the entire office had to rely on artificial ventilation year round. In addition, while designing office buildings in Korea, Kimm designed the façades and profiles

Hyosung Building, 1974–1977
Exterior view | Außenansicht

welch einzigartige Bedeutung Licht einem Raum verleihen kann. Von diesem Zeitpunkt an lässt sich klar erkennen, wie anders als die Mies-Schüler Kimm an seine Architektur heranging, und der Verlauf seiner eigenen architektonischen Entwicklung in seinen folgenden Projekten bestimmen.
Kimms Herangehensweise zeigt sich deutlich in den von ihm in Korea entworfenen Bürogebäuden. Sie unterscheidet sich von jener der Miesianer in Chicago, was von mancherlei Seite vor allem mit den anderen Bedingungen und Umständen vor Ort erklärt wird. Als Kimm 1978 nach Seoul zurückkehrte, hinkte das industrielle Produktionsvermögen Koreas weit hinter dem der Vereinigten Staaten her und das lokale Umfeld beeinflusste Kimms Entwürfe deutlich. Bei seinen Bürogebäuden verwendete er beispielsweise Fenster, um Innenräume natürlich zu belüften. Dies hatte natürlich mit Koreas besonderen Klimabedingungen zu tun, denn dort reicht für das tägliche Leben in mehr als sechs Monaten im Jahr eine natürliche Belüftung völlig aus. So erscheinen die von Kimm entworfenen Bürofassaden im Vergleich zu Mies' Bauten in den Vereinigten Staaten als eher komplex. Beim Entwurf des SK Building stellte die natürliche Belüftung anfänglich die treibende Kraft im Konzept dar. Diese Vorstellungen sind noch eindeutig auf dem ursprünglichen Rendering, welches das Gebäude aus der Vogelperspektive zeigt, zu erkennen. Zu Baubeginn wurden diese architektonischen Überlegungen jedoch vom Bauherrn verworfen, und das gesamte Bürogebäude war letztendlich das ganze Jahr über auf ein künstliches Belüftungssystem angewiesen. Bei Kimms Entwürfen für Bürogebäude in Korea wichen jedoch auch die von ihm konzipierten Fassaden und Gebäudeprofile von denjenigen ab, mit denen man in Chicago experimentierte. Im Gegensatz zu Mies van der Rohe, der versuchte, alle vier Fassaden ähnlich erscheinen zu lassen, führte Kimm die Vorderfront und die Seitenansichten unterschiedlich aus und unterstrich damit die jeweilige Ausrichtung, was daran lag, dass er das urbane Umfeld Koreas in seine Planungen mit einbezog. Mit anderen Worten: Kimm glaubte, dass sich Bürogebäude in Korea besser in das vorhandene urbane Gefüge einfügen lassen, statt als Einzelobjekte zu fungieren. Am Daewoo Securities Building und dem Daewoo Cultural Foundation Building in Seoul lassen sich diese Vorstellungen gut erkennen.
Jong Soung Kimm übernahm zwar die Vorlieben von Mies van der Rohe im Hinblick auf Details und Materialien, doch löst seine Architektur ganze andere visuelle Reaktionen aus. Das liegt daran, dass er in Korea hauptsächlich mit Materialien arbeitete, die sich von denen in den Vereinigten Staaten stark unterschieden. Es scheint, dass Mies vor allem industriell gefertigten Stahl und Glas für seine Außenfassaden verwendet hat, wobei er gelegentlich auch Aluminium einsetzte. Jong Soung Kimm wählte hingegen – außer beim Hyosung Building – in erster Linie Aluminium. Die unterschiedliche Materialwahl führte aber auch zu grundlegenden Unterschieden bei den Details und der Formgebung der Gebäude. Im Vergleich zu Stahl ist Aluminium zum Beispiel leicht und dünn, so dass bei den Details ein hohes Maß an Genauigkeit möglich ist. Vom ästhetischen Standpunkt betrachtet fehlt Aluminium jedoch das Gewicht und die visuelle Kraft des Stahlbaus, wobei sich Kimm dieser Tatsache durchaus bewusst war. Der Grund, warum er trotz dieses besonderen Nachteils beim Aluminium blieb, spiegelt die damaligen Gegebenheiten in Korea wider. Es mangelte an den entsprechenden Ressourcen zur Herstellung innovativer Vorhangfassaden aus Stahl. Hinzu kam, dass Kimms Gebäude nicht allzu groß waren und er deshalb davon ausging, dass Aluminium durchaus geeignet sei, seine tektonischen Ideale auszudrücken. Des Weiteren setzte Kimm oft bronzefarbenes Aluminium ein – wie beim Seoul Hilton Hotel, dem Daewoo Securities Building und dem Daewoo Foundation Building, die alle in den 1980er Jahren entworfen wurden –, wohingegen Mies van der Rohes Stahlgebäude eine dunkle Farbpalette aufweisen. Kimm vermied es, natürliches silberfarbenes Aluminium zu verwenden, da Epoxy-beschichtetes einen besseren Schutz gegen schmutzbedingte Korrosion bietet.

Dongsung Building, 1975–1978
Exterior view | Außenansicht

Daewoo Securities Company Building, 1982
Exterior view | Außenansicht

Daewoo Foundation Building, 1981
Exterior view | Außenansicht

of the buildings in a manner different from those experimented with in Chicago. Unlike Mies van der Rohe, who attempted to treat all four façades in a similar manner, Kimm differentiated frontal façade and side elevations, emphasizing directionality. This was the result of taking into consideration the urban context of Korea. In other words, he believed that office buildings in Korea would blend into the face of the urban block, rather than acting as singular objects. These ideas are well illustrated in the Daewoo Securities Building and Daewoo Cultural Foundation Building in Seoul.

Jong Soung Kimm inherited Mies van der Rohe's inclinations in terms of how he uses details and materials. However, Kimm's architecture elicits considerably different visual reactions than those of Mies's architecture, for the major materials Kimm used in Korea differed greatly from those found in the US. Mies appears to have mainly used steel and glass produced by factories as materials for the exterior façades, although aluminum was also used. However, with the exception of the Hyosung Building, Jong Soung Kimm's major material choice was aluminum. These differences in material choice defined fundamental differences in the details and forms of the buildings. For example, in comparison to steel, aluminum is light and thin, so that high levels of precision in details is possible. However, aesthetically, aluminum lacks the heft and visual strength of steel construction, a fact of which Kimm was very aware. The reason why he stuck to aluminum despite this particular disadvantage reflects the Korean context at the time, which lacked the resources for innovative steel curtain wall production. Moreover, the scale of the buildings Kimm designed was not large, so he determined that aluminum would be able to sufficiently express his tectonic ideals. In addition, while Mies van der Rohe's steel buildings had a dark color palette, Kimm often used bronze-colored aluminum, as for example in the Seoul Hilton Hotel, Daewoo Securities Building and Daewoo Foundation Building, all of which were designed in the 1980s. Kimm avoided using natural silver aluminum, as epoxy-coated aluminum provides better protection against corrosion from pollution.

Daewoo Securities Company Building, 1982
Curtain wall detail | Detail der Vorhangfassade

Technik und innere Wahrheit

Jong Soung Kimms Vorstellungen zur Technik haben letztendlich auch moralische und ethische Auswirkungen. Laut Mies van der Rohe wird die höchste architektonische Schönheit erreicht, wenn die Ästhetik innere Wahrheit offenbart. Bei dem Versuch, die Rolle der Architektur in der Moderne zu beschreiben, meinte Mies: „Es war nicht die Aufgabe der Architektur, Form zu erfinden. Wir wussten, es war eine Frage der Wahrheit, wir versuchten herauszufinden, was Wahrheit wirklich ist." Die Wahrheit war ein geistiges Ideal, das aber mit der materiellen Welt verbunden war; er ließ sich von einem Grundgedanken des Thomas von Aquin leiten: „Wahrheit ist die Übereinstimmung zwischen dem, was wir denken, und dem, was ist." Kimm übernahm auch diese Vorstellungen und suchte nach einer inneren Wahrheit, die nicht durch einen äußerlichen Ausdruck verzerrt wird.

Kimms Vorstellungen sind klar nachzuvollziehen, wenn man zwei mächtige Bauten miteinander vergleicht, die Mitte der 1990er Jahre in der Innenstadt von Seoul zur gleichen Zeit errichtet wurden: das von Jong Soung Kimm entworfene SK Corporation Headquarters Building und den von Rafael Vinoly entworfenen Samsung Tower. Obwohl zahlreiche Hochhäuser in Seouls Innenstadt gebaut wurden, ist es doch gerade der zwischen diesen beiden Projekten bestehende starke Kontrast, der die zu der Zeit üblichen, gegensätzlichen, öffentlichen Meinungen zur Architektur beschreibt. Dabei wirken beide wie Anode und Kathode zusammen, durch ihren gegenseitigen Kontrast entsteht zwischen ihnen eine Bewegung, für die sie als Folie dienen; Seouls Stadtzentrum bieten sie eine reiche Architektursprache. Die Beziehung der beiden Bauten untereinander ist vergleichbar mit jener zwischen der von Mies van der Rohe entworfenen Berliner Neuen Nationalgalerie und Hans Scharouns Philharmonie ihr gegenüber, durch deren Gegensätzlichkeit die Stadt neu definiert wurde und in Berlin eine neue Architekturbewegung klare Konturen bekam.

Obwohl sich Programm und Maße der beiden Seouler Gebäude ähnelten, war der Blickwinkel zur Technik in der Architektur jeweils ein anderer. Die beiden Bauwerke entstanden im Rahmen eines Sanierungsprojekts und teilten daher das gleiche urbane Umfeld, auf das sie beide eingehen mussten. Vinolys Bau erreicht dies, indem er die Nachbargebäude heroisch überragt und dabei versucht, der Stadt eine neue Ordnung zu geben. Runde Kerne steigen an den Ecken des Gebäudes in die Höhe und umfassen die dazwischengeschalteten Büroräume wie Buchstützen. Die Bauteile sind so zusammengesetzt, dass sich die Form des Turms von verschiedenen Stand- bzw. Blickpunkten aus dynamisch verändert. Der krönende Abschluss dieses Gebäudes aber ist das schwebende Gebilde, das von drei langen dünnen Kernen im 33. Stockwerk getragen wird und wie eine Wolke über dem zehngeschossigen leeren Raum hängt, der in diesem Turm ausgespart blieb. Auf dem obersten Stockwerk kann sich der riesige Baukörper voll entfalten und sichert dem Gebäude so seinen Platz als ein starkes Wahrzeichen mit gestaltender Kraft für Seouls Innenstadt, dessen machtvolle Wirkung schon von weitem zu spüren ist.

Das wie eine einfache Schachtel geformte SK Building bildet dazu einen vollkommenen Gegensatz. Die gitterartige Form spiegelt Kimms minimalistisches Konzept wider, das die Anliegen des Architekten auf ein Minimum reduziert und sich auf die fundamentalen Aspekte der Architektur beschränkt. Während Vinolys Bauwerk seine alles überragende Präsenz auf dramatische Weise dokumentiert, lenkt Kimms Bau die Aufmerksamkeit durch seinen Kontext leise auf sich und spiegelt dabei das urbane Umfeld wider. Das Gebäude ist wie die Architektur von Mies van der Rohe durch seine karge Einfachheit, die edlen Proportionen und genauen Details gekennzeichnet, die einen ruhigen Hintergrund für die umliegenden individuellen Bauten erzeugen. Der Architekt setzte die platonischen Ideale des Projekts um, indem er aus dem unterschiedlichen Umfeld reine Geometrie abstrahierte. Obwohl das Bauwerk eine unpersönliche Form annimmt, versteckt sich hinter seiner Einfachheit eine ruhige Eleganz. Kimm erfüllte sich mit dem SK Building seinen lang gehegten, während seiner Jahre beim IIT entstandenen, miesianischen Wunsch.

Die unterschiedlichen Reaktionen auf die beiden Bauwerke drückten die ausgeprägten Meinungen gegenüber Architektur in der Öffentlichkeit der damaligen Zeit aus. Trotz der streng formalen Züge bei Vinolys Werk schien es fraglich, ob dieser Bau als Bürogebäude funktionieren würde. Das Gebäude wird über drei Achsen erschlossen, was zu einem

Technology and Inner Truth

Finally, Jong Soung Kimm's ideas on technology have moral and ethical implications. According to Mies van der Rohe, the paramount architectural beauty is attained when aesthetics can reveal inner truth. Attempting to describe the role of architecture in Modernity, Mies said: "It was not the task of architecture to invent form. We knew it was a question of truth, we tried to find out what truth really was." Truth was a spiritual ideal, although bound up in the material world; he took guidance from a saying by St. Thomas Aquinas: "Truth is the significance of fact." Kimm also inherited these beliefs, and pursued an internal truth that is not distorted by external expression.

Kimm's ideas can be clearly understood in the comparison of two tall buildings that were built simultaneously in downtown Seoul during the mid-1990s: the SK Corporation Headquarters Building designed by Jong Soung Kimm, and the Samsung Tower designed by Rafael Vinoly. Although many tall buildings were constructed in downtown Seoul, the stark contrast between these two projects defined the general opposing public attitudes toward architecture at the time. Working together like anodes and cathodes in a cell, the two buildings act as foils, defining a movement through their mutual contrast with each other, and offer a rich architectural narrative to downtown Seoul. Their relationship is similar to that between the Neue Nationalgalerie in Berlin, designed by Mies van der Rohe, and the Philharmonie, designed by Hans Scharoun, which were built across the way from each other, redefining the city through their contrasting relationship and defining a new architectural movement in Berlin.

Although the two buildings were built with a similar program and scale, their perspectives on technology in architecture were entirely different. The two buildings were constructed as part of a redevelopment project for downtown Seoul, and therefore, shared and had to respond to the same urban context. The building by Vinoly reacts to the context in a way that heroically overpowers its neighbors, attempting to redefine a new order to the city. Round cores climb up the corners of the building, book-ending office spaces in between. The structural members are composed in a manner that lets its form dynamically shift from different viewpoints. The crowning jewel of this building, however, is the hovering mass, supported by three spindly cores at the thirty-third floor, hanging like a cloud above the ten-story void created in the massing. At the topmost floor the large structure is fully exposed, securing its place as a strong formative landmark in downtown Seoul, projecting its potent power across great distances.

The SK Building, in sharp contrast, is simply shaped like a box. The gridded form reflects Kimm's minimalist concept that de-emphasizes the intentions of the architect to a minimum and expresses only the fundamental aspects of the architecture. If Vinoly's work dramatically states its overpowering presence, Kimm's building subtly draws its attention from its context, reflecting its urban surroundings. Like Mies van der Rohe's architecture, this building is characterized by its minimal simplicity, noble proportions, and precision to detail that creates a tranquil background for the surrounding individual buildings. The architect realized the project's Platonic ideals by abstracting pure geometry from its diverse surroundings. Although the building assumes an impersonal form, a quiet elegance hides behind its simplicity. Kimm realized his long-cherished Miesian wish through the SK Building, defined during his years at IIT.

The mixed reactions to these two buildings expressed strong public sentiment towards architecture at the time. Despite the strong formal moves of Vinoly's work, it was doubtful whether this building would function well as an office building. Access to the building is in three axes, creating a problem with security and control. In addition, usable office area was reduced for a formal concept, and the loss in rentable real estate created an economically infeasible project. Had electronics-related exhibitions and showrooms been installed here, as initially envisaged by the client, these problems would not have been a challenge. However, the program shift created great strains in economic efficiency, which largely goes against tenets of Modernity. Instead, the project was an embodiment of the will of the architect who wished to create a prominent landmark in the downtown area. On the one hand the contorted structural members composed as if everything is individualistic differ from the Modernist ideal of anonymity.

On the other hand, the SK Building is a typical example of office architecture. It secures maximum usable area and

worldspan

삼성증권

Page 26
SK Corporation Headquarters Office Building, 1987–1998
Exterior view from southwest | Südwestliche Außenansicht

Page 27
Rafael Vinoly, Samsung Tower, 1999

Problem in Hinblick auf Sicherheit und Kontrolle führte. Zusätzlich hatte man die Nutzfläche für ein bestimmtes formales Konzept reduziert, so dass das Projekt durch den Verlust an vermietbarer Fläche wirtschaftlich unrentabel wurde. Wären hier Ausstellungs- und Verkaufsräume für Elektronik untergebracht worden, wie dies ursprünglich vom Bauherrn vorgesehen war, hätten solche Probleme keine größere Herausforderung dargestellt. Die Programmänderung hatte jedoch sehr weitreichende belastende Folgen für die Wirtschaftlichkeit des Gebäudes, was den Lehren der Moderne in starkem Maße widerspricht. Stattdessen verkörperte das Projekt den Willen des Architekten, der in der Innenstadt Seouls ein markantes Wahrzeichen schaffen wollte. Auf der einen Seite weichen die ‚verdrehten' Bauteile des Vinoly-Turms, die so zusammengestellt sind, als habe alles sein Eigenleben, also von dem für die Moderne typischen Ideal der Anonymität ab.
Auf der anderen Seite stellt das SK Building ein Beispiel typischer Büroarchitektur dar. Es gewährleistet eine maximale Nutzfläche und maximale Flexibilität, um so viele Funktionen wie möglich unterzubringen – bei weiterhin kurzen Wegen zu den Aufzügen. Dennoch ist dieses Projekt nicht streng nach funktionalen und wirtschaftlichen Möglichkeiten gebaut. Kimm nahm Veränderungen an dem hierfür so geeigneten röhrenförmigen Tragwerksystem vor, um der visuellen Schönheit des urbanen Kontexts einen Rahmen zu schaffen. Das heißt im Einzelnen (wie dies auch bei den LG Twin Buildings in Yoido zu sehen ist), dass er vertikale Pfosten und Träger im engen Abstand von 3 m an der Fassade anbrachte. Im Erdgeschoss durchbrach Kimm die vom dichten Netz vertikaler Pfosten bestimmte Anordnung, um diese untere Ebene dem urbanen Umfeld zu öffnen. Der strenge, netzartige Aufbau führte zur Kritik, dass das Gebäude zu starr und kalt sei, es ihm an urbaner Lebendigkeit fehle und es eine bloße Kopie der Architektur von Mies van der Rohe sei. Die Kritiker stellten die Frage, ob es denn wirklich notwendig gewesen sei, in Seoul ein Gebäude zu errichten, das westliche Projekte von vor fünfzig Jahren nachbilde.
Solch vereinfachten Vergleichen mangelt es aber an einem tieferen Verständnis für diese beiden Bauwerke, die sehr fundamentale Fragen aufwerfen, wie zum Beispiel: „Worauf gründen sich eigentlich Wert und Sinn der zeitgenössischen Architektur?" Die Architekten sehen sich heute konkurrierenden Anforderungen ausgesetzt, wenn sie auf die Vorstellungen von Bauträgern in Hinblick auf Effizienz und Funktionalität einzugehen haben und dabei gleichzeitig den kulturellen Empfindlichkeiten der postmodernen Ära entsprechen sollen. Was in diesem Zusammenhang als wichtig erachtet werden sollte, ist ein Leitsatz von Mies van der Rohe: „Es ist besser gut zu sein als originell."
Mies glaubte, wie gesagt, dass Originalität eher negative Assoziationen hervorrufe. Architektur hat sehr viel mit realistischer Logistik zu tun, da konkrete Materialien, körperhafte Energien und Funktionen betroffen sind; dennoch kann Architektur auch, wie andere Bereiche der Kunst, als ein vom Architekten neu interpretiertes Objekt angesehen werden. So gesehen sollten Bauten eine neue Ordnung sowie einen Diskurs widerspiegeln, der vom Architekten neu angeregt wird. Mies war jedoch besorgt, dass eine solche Originalität die Lehren der Moderne, die auf Anonymität zielten, in Frage stellen könnte. Innere Wahrheiten würden somit einerseits subjektiviert und Bauwerke zu individuellen ästhetischen Darstellungen degradiert. Andererseits berücksichtigt gute Architektur gleichzeitig auch die unterschiedlichen Gesichtspunkte zu einem Bauwerk. Sie bringt gewissermaßen die Meinungen der verschiedenen Nutzer auf den größten gemeinsamen Nenner. Somit fungieren das allgemein für gut Befundene und gemeinsame Werte des täglichen Lebens als Hauptkriterium für die Bestimmung architektonischer Werte. Kimms Bemühen, die Ideale und Vorteile der Moderne aufzuspüren, sind im Entwurf des SK Building erkennbar. Durch seine Überlegungen zu einem in der Architektur vorzufindenden allgemeinen moralischen und ethischen Gleichgewicht hob sich Jong Soung Kimm von anderen Hightech-Architekten ab. „Hightech-Architektur" meint eine Bewegung der 1980er und 1990er Jahre, die sich durch den Einsatz von Materialien aus der Hightech-Industrie auszeichnet, wie zum Beispiel von Raumtragwerken, Metallverkleidung sowie Verbundstoffen und Verbundmaterialien. Projekte dieser Bewegung verfügen oft über eine großflächige Verglasung, um die im Inneren stattfindenden Aktivitäten transparent offenzulegen. Hightech-Architekten nahmen einen beträchtlichen Teil von Mies' architektonischem Erbe auf, betrachteten aber das Konzept der Technik aus einer vollständig anderen Perspektive. Hightech-Architekten machten sich wie Kimm jene Ideen der Moderne vollstän-

Renzo Piano & Richard Rogers, Pompidou Center, 1971–1976
Exterior view from south | Südliche Außenansicht

maximum flexibility to accommodate as many functions as possible, while maintaining efficient access routes to the elevator cores. However, this project was not built strictly in accordance with functional and economical means. Kimm altered the efficient tubular structural system to frame the visual beauty of the urban contexts. More specifically (as seen in the LG Twin Buildings in Yoido), vertical mullions and beams were densely composed at 3 m intervals at the façade. With this composition, Kimm floated the dense net of vertical mullions from the ground floor to open up the ground level to the urban context. The strict gridded composition attracted criticism that defined the building as too rigid and cold, that it lacked urban vitality, and was a mere copy of Mies van der Rohe's architecture. Critics asked whether it was necessary to construct a building in Seoul that replicated Western projects from fifty years ago.

However, such simplistic comparisons lack a deeper understanding of these two buildings, which pose very fundamental questions, such as: "What is the cornerstone of contemporary architectural value and meaning?" Today, architects are faced with competing demands that consider developer-driven ideas of efficiency and functionality, while simultaneously expressing the cultural sensibilities of the Postmodernism era. What should be considered importantly in this vein is Mies van der Rohe's saying: "It is better to be good than to be original."

As stated, Mies believed that to be original had rather negative connotations. Architecture is a field entrenched in realistic logistics, for it involves concrete materials, physical dynamics and functions; yet like other fields in the arts, architecture can be considered an object newly interpreted by the architect. In this light, buildings should reflect a new order and a discourse that is newly created by the architect. However, Mies was concerned that such originality would render Modernity's tenets of anonymity moot. Thus, this would on the one hand subjectify internal truths and buildings would be degraded into individual aesthetic representations. On the other hand, good architecture simultaneously takes into consideration various viewpoints that surround the building. It finds the greatest common denominator in accommodating the opinions of the various users. Thus, the common good and shared values of everyday life act as major criteria upon which to determine architectural values. Kimm's attempts to extract Modernist ideals and virtues can be found in his design of the SK Building.

Considerations of a common moral and ethical balance found in architecture separated Jong Soung Kimm from other High Tech architects. In general, High Tech architecture refers to a movement during the 1980s and 1990s that featured the use of materials associated with high-tech industries, such as space frames, metal cladding, and composite fabrics and materials. Projects from this movement often use extensive glazing to transparently display their internal activities. High Tech architects absorbed a considerable part of Mies's architectural heritage, but viewed the concept of technology from a completely different perspective. Like Kimm, High Tech architects fully embraced Modernist ideas that technology is a part of the *Zeitgeist* and that a new architecture can be created by innovations in technology. These ideas separated High Tech from Postmodernism and Deconstructivism. Richard Rogers, one of the key architects of this movement, affirmed these ideas by stating: "Our works are on the continuum of Modern architecture. We intend to expand the approaches of Modern architecture. To this end, we try to find open, dynamic, and harmonious order, which will liberate users from shackles given by limited forms."[24]

Despite such similarities, Jong Soung Kimm adopted a clearly different position. High Tech architects believed that life and reality since the 1960s were different from those of the era of Mies van der Rohe. The challenge facing Mies was how to establish a new architectural order from the disorder of the Industrial Revolution. To borrow from Reyner Banham, Mies's architecture was the product of the first Machine Age.[25] However, Western society in the 1960s had already entered a major turning point, where material abundance and the establishment of the social welfare system fundamentally reduced class conflicts, and introduced capitalism as a global economic system. Furthermore, as industrial society proceeded into the post-industrial society, environmental issues, energy issues, information and communication, and popular culture emerged as part of a new Machine Age, and architects had to reflect on these issues in a new way. Accordingly, what

Jong Soung Kimm, competition entry for Pompidou Center, 1971 | Jong Soung Kimm, Wettbewerbsbeitrag für das Centre Pompidou, 1971

dig zu eigen, die besagten, dass Technik Teil des Zeitgeists ist und eine neue Architektur durch Innovationen im technischen Bereich geschaffen werden kann. Diese Vorstellungen unterschieden Hightech von der Postmoderne und dem Dekonstruktivismus. Richard Rogers, einer der Hauptvertreter dieser Bewegung, bestätigte diese Ideen, indem er betonte: „Unsere Arbeiten setzen die Moderne Architektur fort. Wir möchten die Herangehensweisen der Modernen Architektur erweitern, und zu diesem Zweck versuchen wir, eine offene, dynamische und harmonische Ordnung zu finden, welche die Nutzer von den Fesseln befreit, die von begrenzten Formgebungen vorgegeben sind."[24]

Trotz aller Ähnlichkeiten nahm Jong Soung Kimm eindeutig eine andere Position ein als diese Hightech-Architekten, die glaubten, dass sich Leben und Realität seit den 1960er Jahren von denjenigen in der Ära Mies van der Rohes unterschied. Die Herausforderung, der sich Mies gegenübergesehen hätte, sei die Errichtung einer neuen architektonischen Ordnung gewesen, nachdem diese durch die Industrielle Revolution durcheinandergeraten war. Um mit den Worten von Reyner Banham zu sprechen, war Mies' Architektur das Produkt des ersten Maschinenzeitalters.[25] Die westliche Gesellschaft in den 1960er Jahren hatte allerdings bereits einen Wendepunkt erreicht, an dem materieller Überfluss und der Aufbau eines sozialen Wohlfahrtssystems die Klassenkonflikte wesentlich verringerte und der Kapitalismus zum globalen wirtschaftlichen System wurde. Hinzu kam, dass sich die industrielle zur postindustriellen Gesellschaft entwickelte und Umweltbelange, Energiefragen, Information und Kommunikation sowie Popkultur als Teil eines neuen Maschinenzeitalters in Erscheinung traten. Die Architekten mussten über diese Gegebenheiten neu nachdenken. Dementsprechend konzentrierten sich die Hightech-Architekten seit den 1990er Jahren eher auf den Informationsfluss und Umweltbelange als auf Fragen der Industrialisierung und Urbanisierung.

Kimm begegnete den Idealen der Hightech-Architekten mit zwei gegensätzlichen Haltungen. Zuerst einmal verlangte er, nicht als Teil ihrer Bewegung gesehen zu werden, und „klassifizierte die Hightech-Architektur in zwei Kategorien: Eine wird von Architekten wie Norman Foster und Renzo Piano repräsentiert. Renzo Piano bewegt sich seit dem Centre Pompidou zu weitaus raffinierteren Außenverkleidungen hin. Er ist somit jemand, den ich zusammen mit Norman Foster besonders schätze. Für Rogers hingegen hege ich keine positiven Gefühle, besonders nicht in Hinblick auf sein Lloyd Insurance Company Building. Die Feuerleiter so skulptural auszubilden, mechanische Einrichtungen aktiv einzusetzen und die Luftverteilungs- und Ventilationsanlagen gestalterisch zu verwenden, all das geht über das, was ich als notwendig erachte, hinaus. Sie wurden um ihrer selbst willen geschaffen, und es scheint so, als wäre hier die Maschinenanordnung der hauptsächliche Zweck."[26]

Kimms Kriterium zur Definierung von Technik ist Teil der Idee einer moralistischen Betrachtungsweise der inneren Wahrheit. Er glaubte, dass der Einsatz von Technik nach Berücksichtigung aller logistischen Umstände der Zeit bestimmt werden sollte. Er entschied sich für Wahrheit und die optimale Lösung. Seine Konzepte versuchten somit, die moralisch-ethischen Tendenzen der Moderne zu erhalten. Natürlich durchlebte Kimm viele Wandlungen, während er seinem Beruf in Korea nachging. Von den Bauwerken, die er zwischen den 1980er und 1990er Jahren entwarf, weist das Energy Systems Research Center der Ajou University, eindeutig Einflüsse der Hightech-Architektur auf. Den Jalousien aus Stahl, welche die Fassade entlang verlaufen, kommt eine viel größere Ornamentik zu als bei den einfachen, klaren Gebäuden von Mies van der Rohe. Diese scheinbare formale und ästhetische Hinzufügung behielt jedoch immer noch die funktionalistischen Ideale der Moderne bei und zeigt damit, dass sich Kimm nie allzu weit von deren Prinzipien entfernte, dass diese ihm vielmehr als Quelle zur Unterstützung seiner architektonischen Konzepte dienten.

Ajou University Energy Systems Research Center, 1992–1994
Louver detail | Fassadendetail mit Sonnenschutz

Duksung Women's University Melissa Cha Memorial Hall, 2003–2005
Louver detail | Fassadendetail mit Sonnenschutz

was at the center for High Tech architects since the 1980s was the flow of information and environmental issues, rather than issues of industrialization and urbanization.

Kimm had two conflicting attitudes to the ideals of High Tech architects. First, he demanded that he be considered separately from the movement of High Tech architecture. And he "classified the High Tech architecture into two categories: One is architects represented by Norman Foster and Renzo Piano. Renzo Piano is moving toward far more refined exterior cladding after the Pompidou Centre, thus he is the one I have a favorable attitude toward, along with Norman Foster. On the other hand, I do not have good feelings toward Rogers, especially his Lloyd Insurance Company Building. Expressing the fire escape staircase very sculpturally, actively employing mechanical facilities, and using air distribution and ventilation equipment formatively, all these things are beyond what I deem necessary. They were built for themselves, namely, it appears that mechanical composition is the primary purpose."[26]

Kimm's criterion for defining technology is embedded with the idea of a moralistic view of inner truth. Kimm believed that use of technology should be determined after considering all the logistical conditions of the time. He opted for truth and the optimal solution, thus his concepts on technology attempted to preserve Modernist tendencies towards morality and ethics. Needless to say, Kimm underwent many changes while engaged as a practitioner in Korea. Among the buildings that Kimm designed between the mid-1980s and 1990s, the Energy Systems Research Center of Ajou University clearly showed the influence of the High Tech architecture. The steel louvers lining the façade are considered to be far more ornamental in comparison to the simple, pure buildings of Mies van der Rohe. However, this seemingly formal and aesthetic addition still maintained Modernist ideals of functionalism, thus proving that Kimm never strayed far from the principles of Modernism and, that they were rather a source supporting his architectural concepts.

SK Corporation Headquarters Office Building

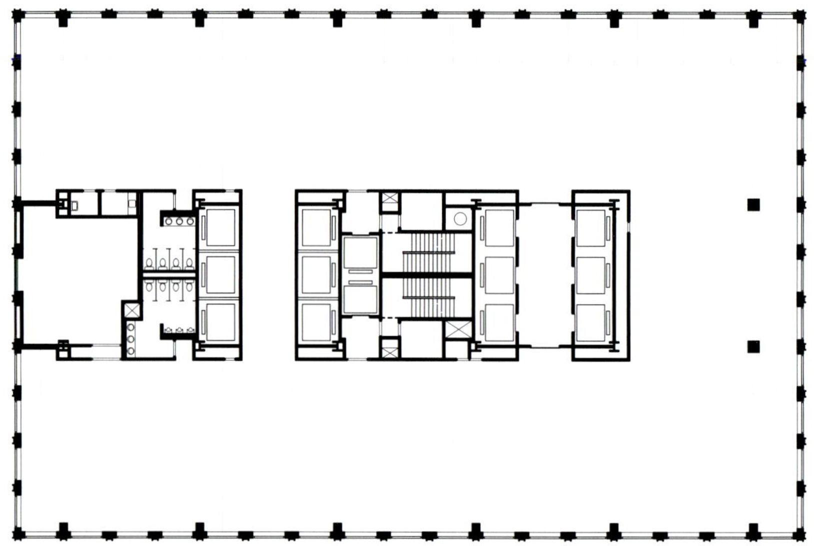

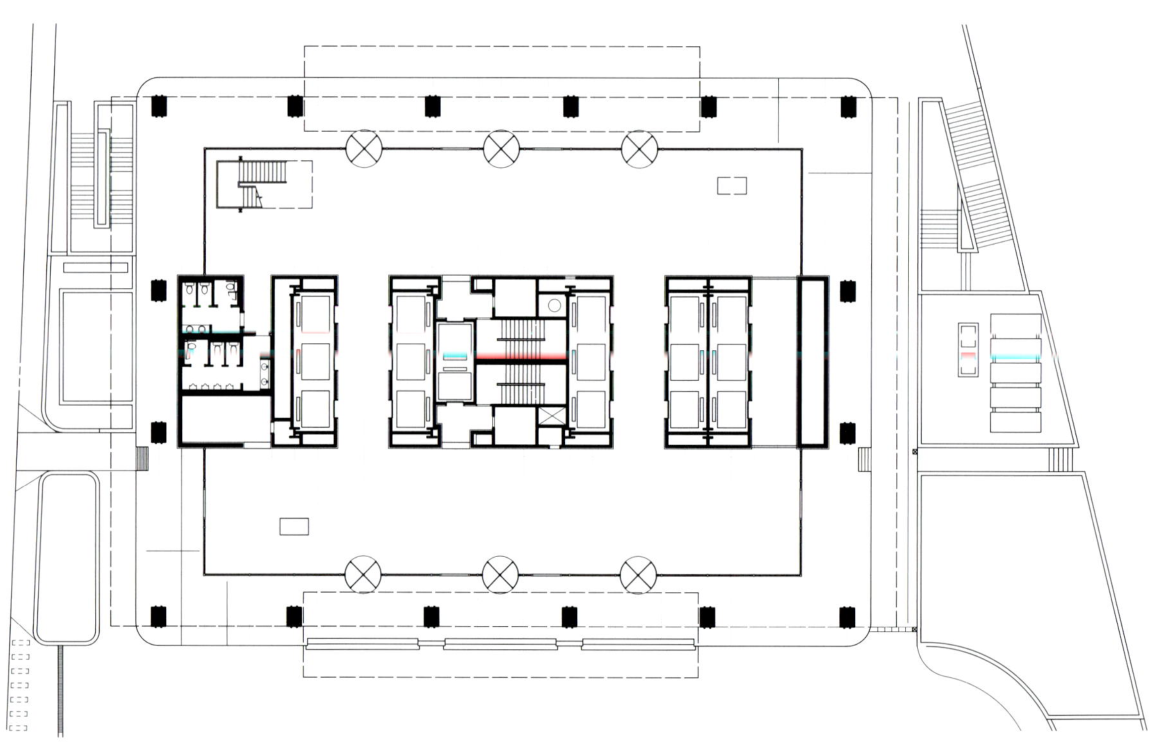

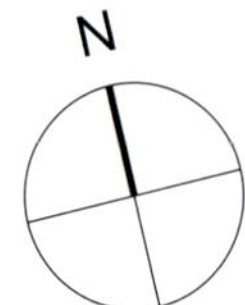

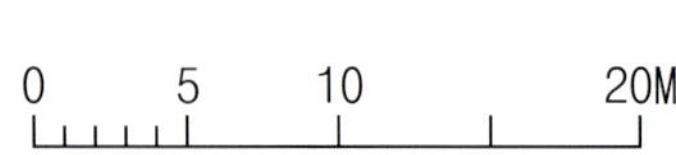

First floor, typical floor plans
Erstes Stockwerk, typische Grundrisse

WORLDSPAN

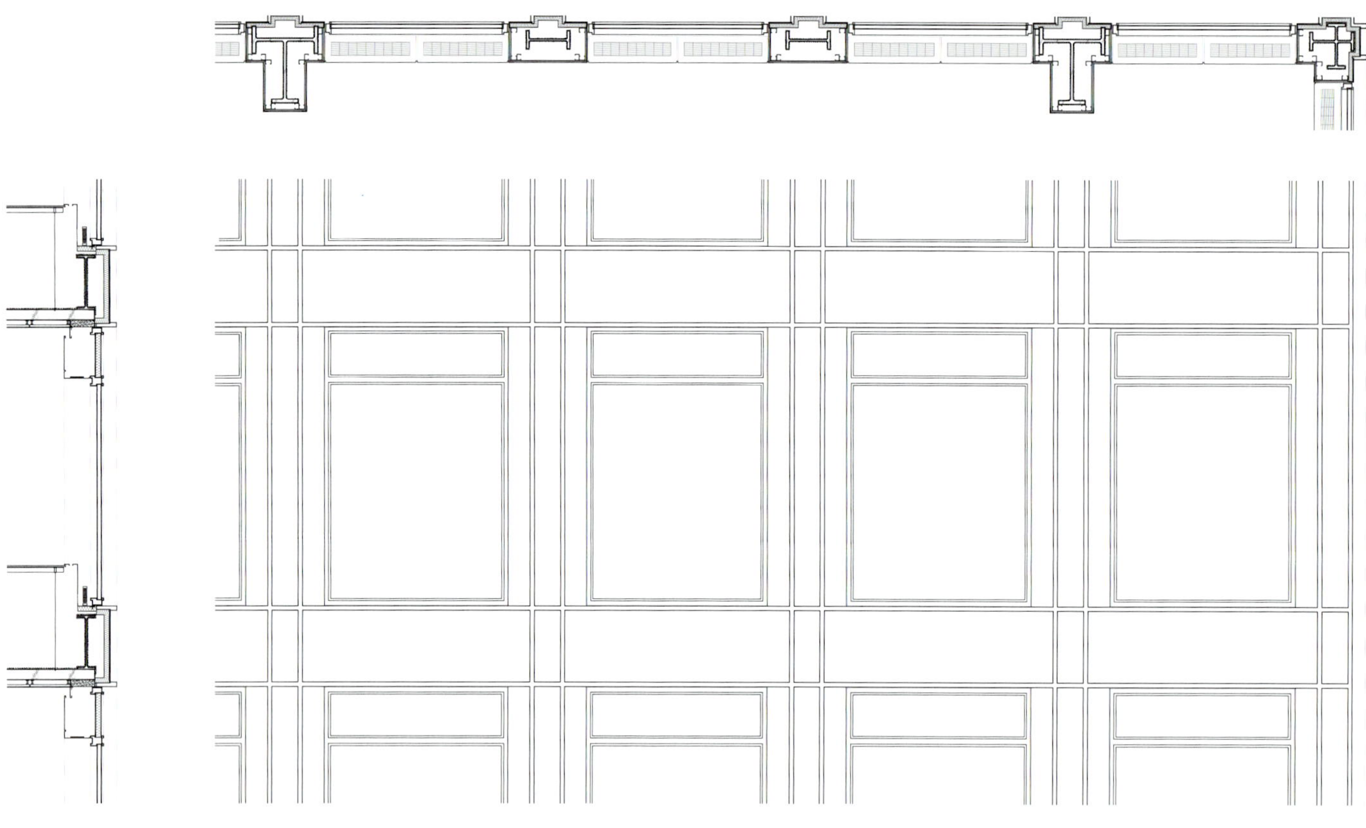

Detail elevation and section of exterior wall
Aufriss (Detail) und Schnitt Außenwand
View from Chunggye Stream
Ansicht vom Chunggye-Strom

View of main entrance | Haupteingang

SK

Interior view of main lobby | Hauptlobby

Jong Soung Kimms Konzept des Raumes in der Architektur

Die Hauptmerkmale von Jong Soung Kimms Bauten der 1980er und 1990er Jahre zeigen sich in seinen intensiven Bemühungen, „Räume voller Licht" zu schaffen, die ihn bei seinem Verfolgen neuer experimenteller Pfade lenkten. Dadurch, dass Kimm dem Licht soviel Bedeutung zukommen ließ, ergaben sich einschneidend wirkende Möglichkeiten im Bereich Richtung und Zentralität im Raum, die letztendlich zur Entstehung der ganz eigenen architektonischen Welt Kimms führten, die sich von der Arbeit Mies van der Rohes entfernte. Neue Baumethoden wurden erarbeitet, um eine derartige räumliche Ordnung zu unterstützen. Außerdem spielte seit Beginn der 1980er Jahre die Anordnung von Stützen und Wänden bei der Schaffung neuer Räume eine wichtige Rolle. Diese Raumkonzepte entwickelten sich aus drei sehr unterschiedlichen Quellen – dies waren: Mies van der Rohe, Louis Kahn und die abendländische mittelalterliche Sakralarchitektur.

Auf der Suche nach einer neuen Räumlichkeit

Natürlich war es Mies van der Rohe, der unter diesen ungleichen Vorbildern den größten Einfluss auf Jong Soung Kimm ausübte. Mies' Raumkonzept zeigte sich jedoch über die Zeit in sehr unterschiedlicher Weise, so dass es angebracht erscheint, Mies' konzeptuelle Entwicklung genauer zu verfolgen. Insgesamt können, was sein Raumkonzept betrifft, vier verschiedene Phasen bei ihm festgestellt werden. Die erste Phase, die dem Mies der 1920er Jahre entspricht, zeigt sich im Landhaus in Backstein, das sich durch einen kontinuierlichen Raumfluss sowie lange, dünne Mauerzüge auszeichnet. Das Projekt wurde hauptsächlich von zwei Seiten beeinflusst, und zwar von Frank Lloyd Wrights Prairie House, das durchgängige und flexible Räume ohne Trennwände aufwies, sowie von den räumlichen Konzepten der europäischen Avantgarde. Besonders die Ähnlichkeiten zwischen Mies' Zeichnungen und den Bildern von Theo van Doesburg und El Lissitzky sind unschwer erkennbar, doch „blieb Mies van der Rohe nicht auf einer zweidimensionalen Ebene, sondern schuf Räume und ordnete ihnen die Oberfläche der Wände unter."[27] Mies war in der Lage, die auf Flexibilität und Dynamik zielenden konzeptionellen Ideen der europäischen Avantgarde in ein dreidimensionales Medium zu übertragen.

Mies van der Rohe ergriff beim Barcelona Pavillon die Möglichkeit, diese räumlichen Konzepte weiterzuentwickeln. Wie beim Landhaus in Backstein arbeitete er hier mit dem kontinuierlichen Raumfluss sowie einigen malerisch platzierten Trennwänden, welche die Palette seiner Experimentierfreudigkeit mit kostbaren Materialien belegen. Doch wurden diesem Bauwerk zwei neue Elemente hinzugefügt. Das erste bildet die Verwendung eines Sockels als Unterbau für den gesamten Baukörper, der somit den Bereich des diesem insgesamt zukommenden Raumes definierte und dem Projekt zum Außenraum strenge Grenzen setzte. Das zweite Element stellt der Einsatz von Säulen dar. Wie auf den ursprünglichen Plänen und perspektivischen Zeichnungen des Pavillons zu sehen ist, hatte Mies zunächst die Absicht, die Dachkonstruktion allein von mit Marmor verkleideten Trennwänden tragen zu lassen, entschloss sich aber letztendlich, ergänzend hierfür eine Reihe von Säulen einzusetzen. Die acht sorgfältig platzierten Säulen – ursprünglich war an nur sechs gedacht worden – erweisen sich als wichtige Elemente bei der Definierung von Raum.[28] Sie agieren in vielfältiger Weise, geben dem Raum Richtung, lassen ihn fließen und spielen zum anderen die Rolle von Gegenständen im Raum.

Die zweite, allseits bekannte Änderung in Mies' Raumkonzept fand beim Entwurf von Farnsworth House (1945–1950) statt. Mies nahm bei diesem Haus davon Abstand, komplex angeordnete Trennwände einzusetzen, wie er es beim Barcelona Pavillon getan hatte, und behielt nur jene in der Mitte bei. Solche Änderungen spiegeln den Wunsch des Architekten wider, Raum, Form und Struktur in der Architektur zu vereinigen. Somit wurde aus den flexiblen, durchgängigen Räumen in Mies' früheren Arbeiten ein einziger offener Raum. Das hier ganz nach außen verlegte Tragwerksystem, das Innenstützen überflüssig werden ließ, war die weitere Neuerung. Mit diesen Änderungen entstand eine ganz neue Beziehung zwischen Innen- und Außenraum.

Mies' letztes räumliches Konzept wird durch das Krupp Verwaltungsgebäude (1960–1963) und das Bacardi Building in Mexico City dokumentiert. Besonders hervorzuheben ist dabei das Krupp-Gebäude, in das Mies über zwei Innenhöfe natürliches Licht führte. Bis zu diesem Zeitpunkt hatte er

The Concept of Space in Jong Soung Kimm's Architecture

Major features in Jong Soung Kimm's buildings in the 1980s and 1990s are revealed in his intensive efforts to realize "space full of light," which drove his pursuit of new experimental trajectories. Kimm's emphasis on light provided vital opportunities for directionality and centrality in space, which finally led to the emergence of his unique architectural world that broke away from the work of Mies van der Rohe. New structural methods were devised to support such a spatial order. And beginning in the 1980s, the composition of columns and walls played an important role in creating new spaces. These spatial concepts developed from three very different sources: namely, Mies van der Rohe, Louis Kahn, and Medieval Western religious architecture.

In Search for a New Spatiality

Among these different origins, the greatest influence on Jong Soung Kimm is, needless to say, Mies van der Rohe. However, Mies's spatial concept emerged in many different ways over time, requiring further examination of Mies's conceptual trajectory. Overall, his spatial concept can be categorized into four phases.

The first one that embodies Mies of the 1920s is the Brick Country House, characterized by flexible and continuous spaces, and long, tenuously stretched walls. Two major influences for this project included Frank Lloyd Wright's Prairie House, which featured continuous and flexible spaces, uninhibited by partitions, and spatial concepts developed by the avant-gardes in Europe. In particular, similarities between Mies's drawings, and paintings by Theo van Doesburg and El Lissitzky are easily drawn. However, "Mies van der Rohe did not remain on a two-dimensional plane, but created spaces and subordinated the surface of walls to it."[27] Mies was able to spatialize the conceptual ideas of flexibility and dynamism of Europe's avant-garde into a three-dimensional medium.

Mies van der Rohe seized on opportunities to further develop these spatial concepts in the Barcelona Pavilion. Similarly to the Brick Country House, the Barcelona Pavilion employs the use of flexible and continuous space, and the few poetically placed partitions as his palette for experimentation with luxurious materials. However, two new elements were added in this building. The first one was the use of a podium to support the entire space, thereby limiting the realm of the overall space and creating a strict set of bound-

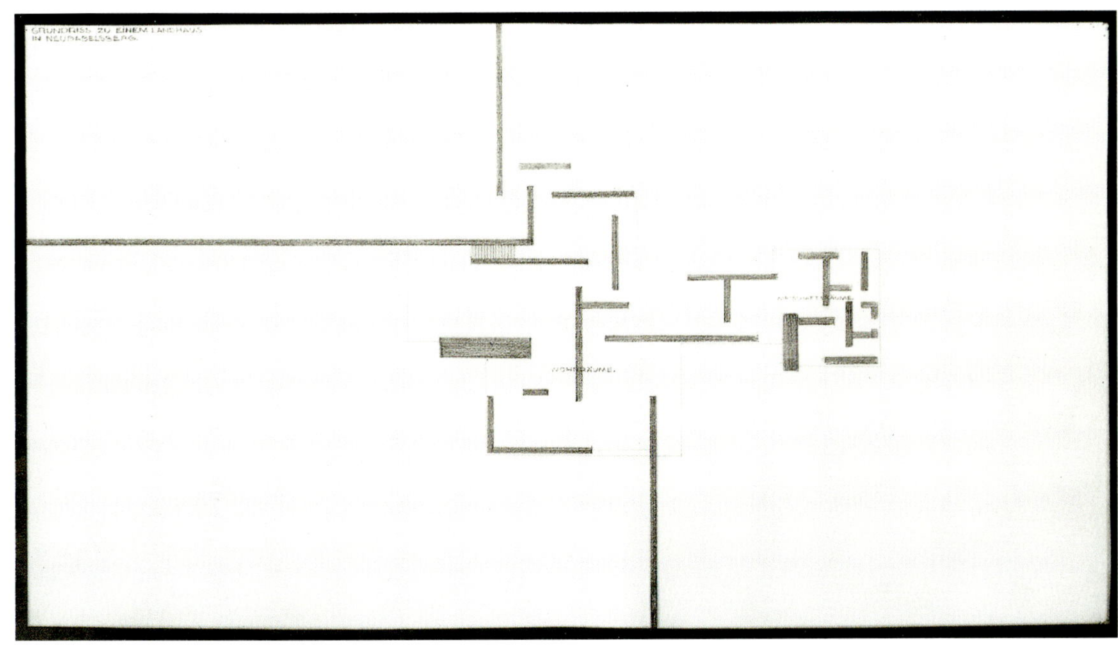

Mies van der Rohe
Brick Country House,
Project, 1924
Landhaus in Backstein,
Projekt, 1924

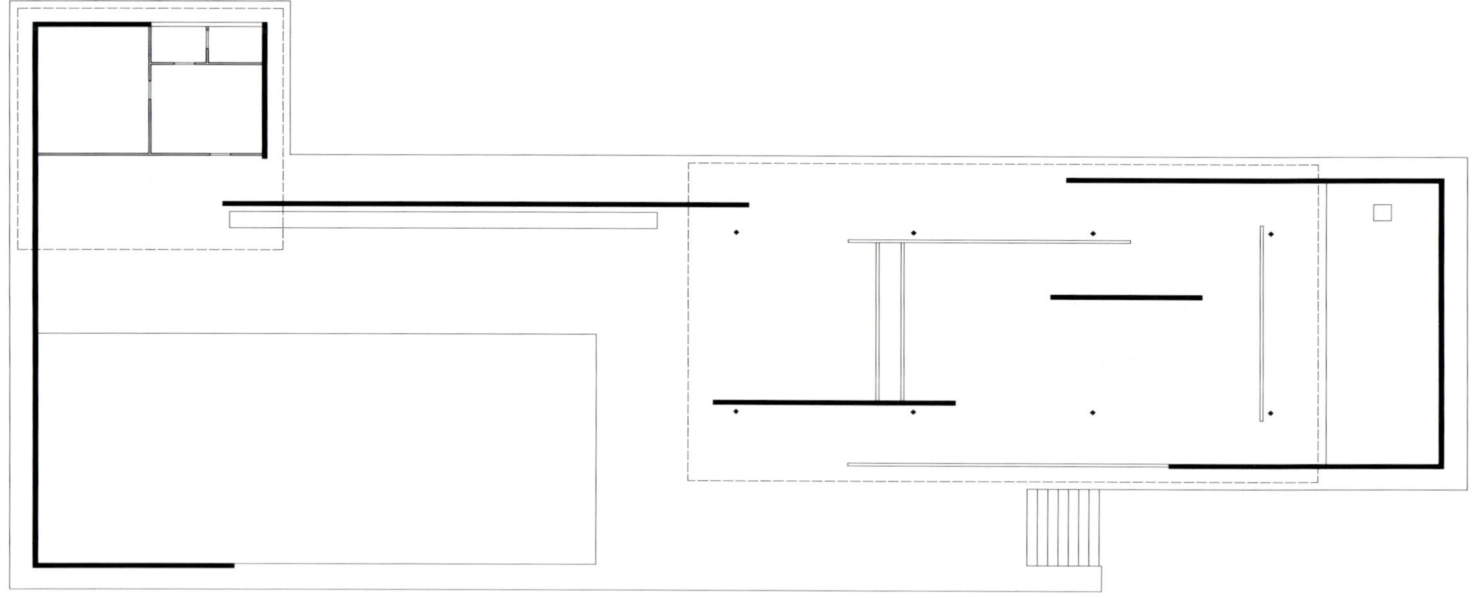

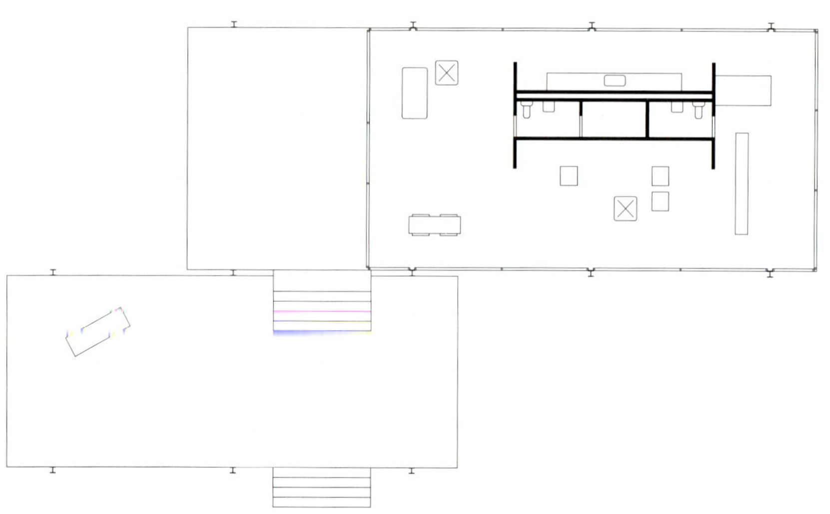

Mies van der Rohe
Barcelona Pavilion, 1928–1929, plan
Barcelona Pavillon, 1928–1929, Grundriss
Mies van der Rohe, Farnsworth House, 1945–1950
plan | Grundriss

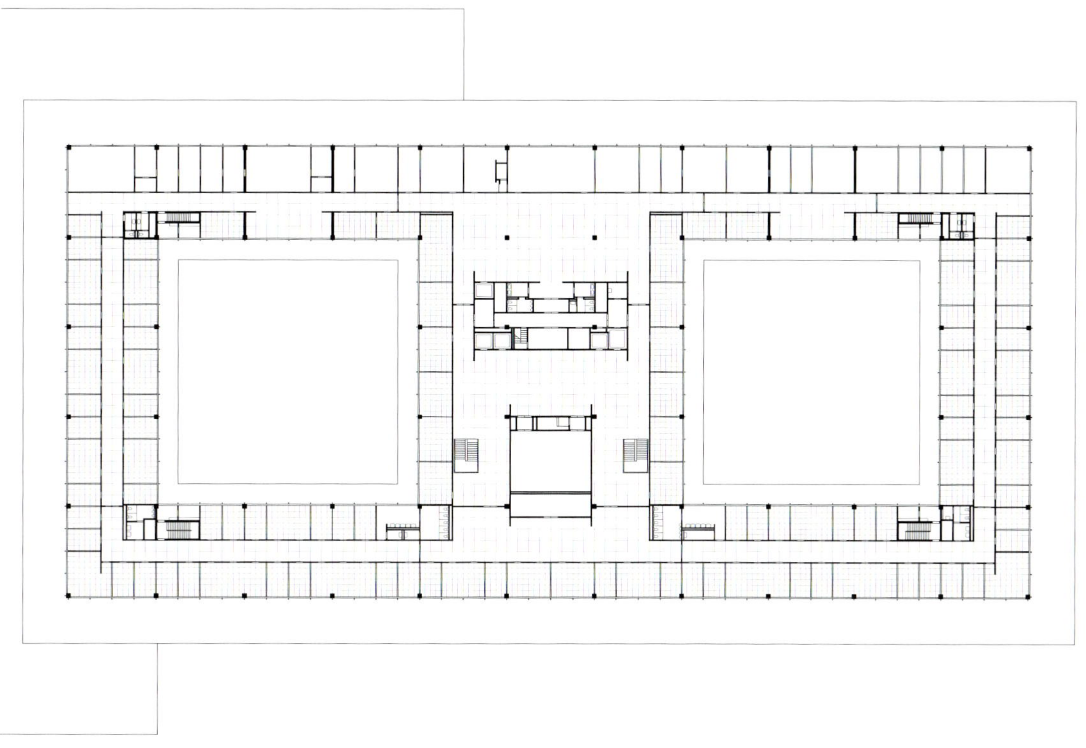

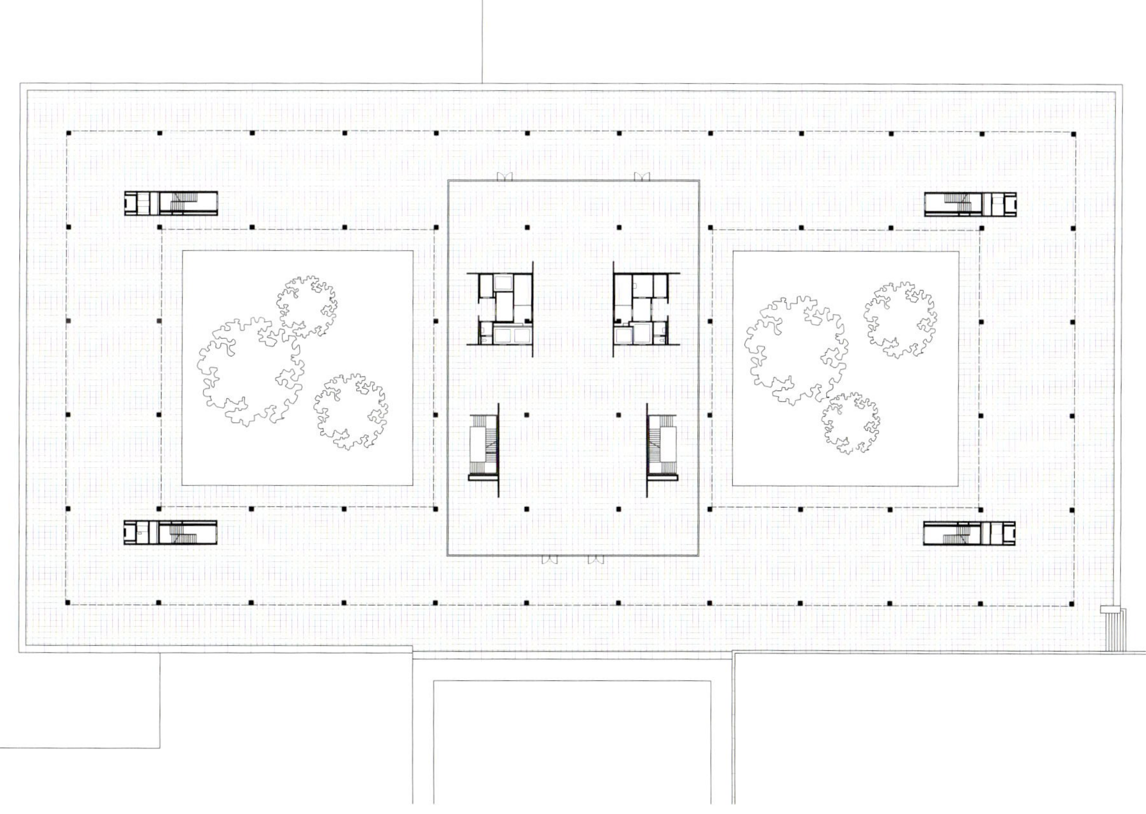

Mies van der Rohe
Krupp Administration Building project, 1960–1963
Projekt Krupp Verwaltungsgebäude, 1960–1963

Louis Kahn, Yale Center for British Art, 1969–1977
Exterior view from southwest and interior view of entrance atrium
Südwestliche Außen- sowie Innenansicht des Atriums am Eingang

an Möglichkeiten gearbeitet, Innenräume durch den Einsatz von transparenten Materialien zu vergrößern. Mit diesem Projekt begann Mies nun, die Natur als Gegenstand zu behandeln, der in weite Räume einbezogen werden sollte.

Kimm beobachtete diesen Änderungsprozess aufmerksam und untersuchte, wie diese Raumkonzepte weiterentwickelt werden könnten. Besonders beeinflusste ihn für verschiedene Projekte in Korea dabei das letztgenannte. Er vertiefte nun seine Recherchen zu Mies' Arbeit, die mit der Zeit in seine eigenen Raumprogramme einflossen.

Von dieser direkten Verbindung zu Mies einmal abgesehen, befasste sich Kimm auch mit den Theorien und der Kritik der postmodernen Architekten der damaligen Zeit. Als Antwort auf ihre Lehren begann er, sich intensiv mit Le Corbusier und Louis Kahn zu beschäftigen, wobei er im Besonderen ihre Techniken und Methoden bei der räumlichen Manipulation von natürlichem Licht untersuchte. Im Jahr 1968 besuchte Kimm die Kapelle von Ronchamp und das Kloster La Tourette und übernahm einige von Le Corbusiers Methoden zur Arbeit mit natürlichen Licht bei seinen Projekten in den 1980er Jahren. Als Kimms wahre Inspiration für die Nutzung von Raum und Licht ist jedoch Louis Kahn anzusehen, dessen Arbeit er ausgiebig erforschte, während er ein Designstudio am IIT unterrichtete. Dabei waren für Kimm das Kimbell Art Museum und das Yale Center for British Art von besonderer Bedeutung – als herausragende Werke, in denen ein dramatisches Zusammenspiel zwischen natürlichem Licht und Raum gelungen war.

Die Arbeiten von Louis Kahn und Mies unterschieden sich jedoch in räumlichen Fragen grundlegend voneinander, und Kimm versuchte nun, beide Vorstellungen in seiner eigenen Arbeit in Einklang zu bringen. Die räumlichen Diskrepanzen zwischen den beiden können grob in drei Punkte zusammengefasst werden. Zuerst einmal sind die architektonischen Ursprünge der beiden Männer sehr unterschiedlich. So kann man bei Mies' Architektur feststellen, dass sie sich unter dem Einfluss von Frank Lloyd Wright und der europäischen Avantgarde entwickelt hatte. Diese Arbeiten bezogen sich nicht auf Vorgängerbauten aus der Vergangenheit, sie wurden auf der Grundlage eines sich im 20. Jahrhundert neu herausbildenden Bildes von Raum und Zeit neu geschaffen. Mies' diverse Experimente hatten den Zweck, neue Vorstellungen von Raum und Zeit in rein geometrischen Formen und visualisierten durchgängigen wie fließenden flexiblen Räumen umzusetzen. Dagegen stammten Louis Kahns Raumideen von Vorläufern der Beaux-Arts-Schule. Paul P. Cret, ein strenger Anhänger der Beaux-Arts-Bewegung, war Kahns einflussreichster Mentor. Seine Architektur zeichnete sich durch die Anhäufung verschiedener Kammern aus, die klar als „Räume" bezeichnet werden. Kahn sah hinter das „vergoldete Ornament" klassischer Werke, so dass man über ihn sagen kann: „Er sah die römische Architektur so, wie sie ist, als Ruine, ohne Ornamentik und dergleichen. Er suchte nach dem bloßgelegten Ergebnis grundlegender konstruktiver Aspekte der Architektur."[29] Dem zerfallenen und nackten Zustand der Projekte entsprechend, die er sich vorstellte, legen Kahns Gebäude ihr Tragwerksystem, ihre Struktur, eindeutig frei, und das war es auch, was Kimm nur noch mehr zu seiner Architektur hinzog.

Um die Raumkonzepte von Louis Kahn zu verstehen, muss „Raum" exakt definiert werden. Kahn lehnte Mies' Ideen vom durchgängigen, fließenden wie auch vom universellen Raum ab. Stattdessen entwickelte er, als wichtigstes Raumkonzept, Beziehungen zwischen eigenständigen Räumen. „Kahn wollte eher, dass die Menschen an einem Ort blieben, als dass sie sich wie in den ursprünglichen Räumen von Mies ständig hin- und herbewegen."[30] Einzelräume verfügen über ihre eigenes, einzigartiges Zentrum und eigene Leuchtvorrichtungen, um das Licht zu regeln. „Raum ist der Beginn von Architektur", laut Kahn, „er ist der Ort des Geistes. Du als derjenige, der sich in dem Raum mit seinen Ausmaßen, seiner Struktur, seinem Licht befindet, antwortest auf seinen Charakter, seine geistige Aura und erkennst, dass, was auch immer der Mensch vorschlägt und macht, zu Leben wird."[31]

Für Kahn brachte natürliches Licht Leben in die Architektur. Licht ist nicht nur ein Mittel zur Wahrnehmung von Dingen, sondern ist die eigentliche Quelle von Materie. Aus diesem Grund stellte er fest: „Raum zu entwerfen heißt Licht entwerfen." Kahn erfand verschiedene Vorrichtungen, um Licht in ein Gebäude zu lenken. Beim Kimbell Art Museum verwendet er Reflektoren die dabei helfen, Licht durch lange Schlitze am Scheitelpunkt der Gewölbe einströmen zu lassen. Beim Yale Center for British Art dringt natürliches Licht über tiefe gitterartige Öffnungen herein. So wird Licht zum wichtigsten Element im architektonischen Raum, das Kahns

aries for the project. The second one was the use of columns. As can be seen in the Pavilion's initial plans and perspective drawings, Mies's intention was to support the roof structure only with marble-clad partitions, but he eventually decided upon a series of columns to aid in structural support. The eight carefully placed columns, which had started as six, emerge as important elements in defining space.[28] These elements act in multiple ways, creating spatial direction and flow, while also playing the role of objects within a space.

As is well known, the second major shift that appeared in Mies's spatial concept took place during the design of the Farnsworth House (1945–50). In the house, Mies refrained from using complex compositions of partition walls, which he used in the Barcelona Pavilion, leaving only the central walls. Such changes reflect the architect's desire to unify architectural space, form and structure. Thus, flexible and continuous spaces, which were featured in Mies's earlier works, were unified into a single open space. Also affected was the structural system, which was now placed at the exterior, thus eliminating the need for any internal columns. Such changes altered the way relationships between internal and external spaces were formed.

Mies's last spatial concept can be seen in the Krupp Administration Building project (1960–63) and the Bacardi Building in Mexico City. In particular, for the Krupp Administration Building, Mies introduced natural light into the building by installing two courtyards. Up until this point, Mies had explored how to expand internal spaces through the use of transparent materials. However, in this project, Mies began to treat nature as an object, inserted into vast spaces. Kimm closely watched this process of change and explored how to develop these spatial concepts. Of these concepts, it is this last one which has heavily influenced a variety of projects Kimm worked on in Korea. From this point on, Kimm deepened his research on Mies's work, and it influenced the transformation in his spatial concepts over time. Along with Mies's direct influence, Kimm also looked to the theories and criticisms of Postmodern architects of the day. In response to their tenets, Kimm began to closely look at Le Corbusier and Louis Kahn. In particular, Kimm researched their techniques and methods in the spatial manipulation of natural light. In 1968, he visited the Ronchamp Chapel and the Convent of La Tourette, and adopted some of Le Corbusier's methods of harnessing natural light for his projects in the 1980s. However, Kimm's true inspiration in the use of space and light is Louis Kahn, whose work he extensively researched while teaching a design studio at IIT. In particular, the Kimbell Art Museum and the Yale Center for British Art held special meaning for Kimm, as momentous pieces that manipulated a dramatic interplay between natural light and space.

Louis Kahn's work, however, fundamentally differed spatially from the work of Mies, which Kimm attempted to reconcile in his own work. The spatial differences between them can largely be summarized into three points. First, the architectural origins of these two men are very different. Mies's architecture can be stated to have been developed under the influence of Frank Lloyd Wright and the European avant-garde. Not relying on precedents from the past, these works were newly created based on a new twentieth-century picture of space and time. Their various experiments were designed on the one hand to spatialize new perceptions on time and space in purely geometric forms and visualized continuous and floating flexible spaces. On the other hand, Louis Kahn's spatial ideas originated from precedents in the Beaux-Arts. Paul P. Cret, a strict adherent to the Beaux-Arts movement, was Kahn's most influential mentor. His architecture was characterized by an assemblage of various chambers, clearly defined as "rooms." Kahn saw past the gilded ornament of classical works, so that it can be said that, "he was looking at Roman architecture as it is, as a ruin that is without ornamentation and so on. He was looking for the bare result of fundamental structural aspects of architecture."[29] Like the ruined and bare state of the projects that he envisioned, Kahn's buildings clearly expose their structural systems, which further attracted Kimm to Kahn's architecture.

Louis Kahn, Kimbell Art Museum, 1966–1972
Exterior view from southwest and interior view of typical gallery
Südwestliche Außen- sowie Innenansicht einer typischen Galerie

Architektur weithin bestimmte – ein grundlegender Unterschied zu Mies' Ideen, von denen sich behaupten lässt, dass Licht bei ihnen eine eher untergeordnete Rolle spielte. Glasfenster, die für Bauwerke von Mies in Deutschland charakteristisch waren, standen in Bezug zur Transparenz des Raumes, zur gegenseitigen Durchdringung von Innen- und Außenraum, zu wahrnehmungsbezogenen Bewegungen, aber nicht in Bezug zu Licht. Mies' Bauten in den Vereinigten Staaten betonten anonyme und einheitliche Räume, in denen das Licht nur als Mittel zur Schaffung dieser Einheitlichkeit des Raumes eingesetzt wurde. Das Einströmen von Licht wurde zudem gleichmäßig eingeschränkt, um Hierarchien aufzulösen. Bei der Planung der Crown Hall positionierte Mies ein Penthouse in der Dachmitte dieses Baus, um einen Maschinenraum unterzubringen, der anfänglich als Oberlicht missdeutet werden konnte. Das Penthouse hat jedoch rein funktionale Zwecke und wird zur Belüftung verwendet. Hätte Mies die Möglichkeit gehabt, es wegzulassen, hätte er dies getan, um einen perfekten, einheitlichen Raum zu schaffen. Dieses Beispiel zeigt die Trennung von Licht und Raum in Mies' Architektur, die Kimm aufzuheben versuchte, indem er sich Kahns Arbeit zuwendete.
Wie Louis Kahn widmete Jong Soung Kimm seine Aufmerksamkeit aber auch der abendländischen mittelalterlichen Architektur, um Fragen von Licht und Raum nachzugehen. Besonders das Licht, das durch den Obergaden des Mausoleums von Santa Costanza fällt, das er eher zufällig bei einem Rombesuch besichtigte, zeigte große Wirkung bei Kimm. Hier drang Licht von den Seiten herein und erhellte das verborgene Innere des Baus. Zusätzlich wurde Kimm auch von den rhythmisch angelegten Tragwerksystemen romanischer Kathedralen inspiriert. Des Weiteren untersuchte er, auf welch geschickte Weise die Pfeiler in gotischen Kathedralen die Innenräume durch Form und Bewegung zu einem organischen Ganzen machten. Kimm versuchte, diese Erfahrungen in seine aktuellen Bauwerke einfließen zu lassen, natürliches Licht wurde zur treibenden Kraft hinter seinen Baukonzepten, wie dies in einigen seiner späteren Ausstellungsbauten und Hotels dann erneut der Fall sein sollte. Die Räume, die Kimm auf der Grundlage dieser Untersuchungen schuf, unterscheiden sich von den Arbeiten Kahns jedoch folgendermaßen: Während dessen Versuche auf das heilige und nach innen gerichtete Kontemplative ausgerichtet waren, experimentierte Kimm mit Licht, um den Raum zu öffnen. Hier erleben wir das Entstehen einer neuen Art von Raum: des tektonischen Raumes. Anders als Louis Kahn, der versuchte, monumentale Räume zu schaffen, zu denen Wände, Böden und Decken gehörten, sind es bei Kimm klar Säulen oder strukturelle Elemente von Oberlichtern, die das Wesen eines Raumes bestimmen. Es ist eine visuelle und strukturelle Betrachtungsweise, die in Kimms Bauwerken die Anordnung der Säulen, die Säulenabstände sowie die Beziehungen zwischen den Wänden oder der Decke und den Säulen beherrscht. Licht wird eher in Form von rhythmischen Wellen übertragen, als dass es mystisch wirkt. Dieses Beispiel kann als ein Weg gesehen werden, Mies' Methoden, Raum zu gestalten, mit Kahns Technik, Licht einzufangen, in Einklang zu bringen. Kimm drückt damit die Beziehung zwischen Licht und Raum auf seine eigene, besondere Weise aus, wie sie seine Architektur seit den 1980er Jahren kennzeichnet.

Santa Costanza, Rome, c. 330, interior view of rotunda
Santa Costanza, Rom, ca. 330 n. Chr., Innenansicht der Rotunde

Santa Costanza, detail of rotunda colonnade
Santa Costanza, Detail des Säulengangs der Rotunde

In order to understand Louis Kahn's spatial concepts, an exact definition of the "room" must be stated. Kahn refused Mies's ideas of continuous flowing space and universal space, instead developing relationships between individual rooms as the foremost important spatial concept. "Rather than spaces in which people continuously move along like the initial spaces of Mies's, Kahn wanted people to stay in a place."[30] Individual rooms have their own unique centers and lighting facilities to control light. According to Kahn, "room is the beginning of architecture. It is the place of the mind. You in the room with its dimensions, its structure, its light respond to its character, its spiritual aura, recognizing that whatever the human proposes and makes becomes a life."[31]

For Kahn, natural light brought architecture to life. Light is not only an instrument of our perception of things, but is the very source of matter itself. Therefore, he stated: "To design space is to design light." Kahn devised various devices to draw light into the buildings. In the Kimbell Art Museum, Kahn uses reflectors to help light pass through long slits at the zenith of the vault structures, and in the Yale Center for British Art, natural light passes through deep gridded beams. As such, light in architectural space is the most important element that determined Kahn's architecture, which fundamentally differed from Mies's ideas, which can be argued lacked great consideration of light. Glass windows, related to transparency of space, interpenetrations of internal and external spaces, and perception-related movements, were characteristic of Mies's buildings in Germany, but did not refer to light. Mies's buildings in the United States emphasized anonymous and uniform spaces, thus the manipulation of light was used only as a means to provide uniformity to the space. The inflow of light was evenly restrained to disperse hierarchy. While designing Crown Hall, Mies placed a penthouse in the center of the roof of the building to accommodate a machine room, which could be initially misconstrued for a skylight. However, the penthouse is purely functional, used for ventilation, and had Mies been able to, he would have eliminated it to create a perfectly uniform space. This example represents the separation between light and space in Mies's architecture, which Kimm attempted to rectify by turning to Louis Kahn's work.

As did Louis Kahn, in order to explore light and space, Jong Soung Kimm turned his attention to Western Medieval architecture. In particular, the light streaming in through the clerestory at the Mausoleum of Santa Costanza that he visited by chance while traveling in Rome, had a great effect on Kimm. Light broke through the sides of the church, brightening the secret interior of the building. In addition, Kimm was also inspired by the rhythmic structural systems of Romanesque cathedrals. Furthermore, Kimm carefully researched the subtle manipulations of pillars to integrate the internal spaces through form and movement in Gothic cathedrals. Kimm tried to reflect these experiences in his contemporary buildings, placing natural light as the driving force behind his building concepts, appearing again in several exhibition facilities and hotels he would design later.

The spaces Kimm created through these explorations, however, differ from the works of Louis Kahn in the following ways. If Kahn's experiments with light were aimed at the sacred and inwardly contemplative, Kimm experimented with light to open up space. Here we can witness the emergence of a new kind of space: a tectonic space. Unlike Louis Kahn, who attempted to create monumental space comprising walls, floors, and ceilings, Kimm clearly uses columns and structural members of skylight to determine the nature of space. Therefore, in Kimm's buildings the arrangement of columns, the intervals among columns, the relationships between walls and columns, and the relationship between columns and the ceiling are determined under a visual and structural consideration. There, light is transmitted rhythmically as waves, rather than being treated as mystical. This example can be seen as a method of reconciling Mies's method of spatial transformation with Kahn's techniques for transforming light. Through this method, Kimm expresses the relationship between light and space in his own particular way, which has defined Kimm's architecture since the 1980s.

Ein Raum, der das Herz höher schlagen lässt: Die Lobby des Seoul Hilton Hotels

Kimms führte erste Experimente während der Planungen des Seoul Hilton Hotels durch. Dieses Gebäude stellt einen Wendepunkt in seiner Karriere als Architekt dar und wird noch immer als eines seiner Hauptwerke erachtet, obwohl es fast drei Jahrzehnte alt ist. Es war dieses Projekt, das Kimm dazu veranlasste, Chicago zu verlassen und seine erfolgreiche und produktive Karriere als Architekt in Korea zu starten. Seit 1977 war er auf Wunsch der Daewoo Group in die Planungen und den Bau des Seoul Hilton Hotels einbezogen. 1978 kehrte er mit einem fertigen Entwurf nach Korea zurück. Zu den Herausforderungen des Baugeländes gehörten die angrenzende Namsan Ring Road und der steile, zwei Geschosse umfassende Hang im Westen. Außerdem stößt die Namdaemun Church an das Baugelände, so dass die Beziehung zu diesem Bauwerk in die Überlegungen einbezogen werden musste. Der erste von Kimm vorgeschlagene Entwurf ist axonometrisch ausgelegt. Auf dem ersten Rendering bestand das Projekt noch aus zwei Gebäuden: das eine hoch mit Gästezimmern, die um dreißig Grad zum Mt. Namsan hin gedreht sind, das andere niedrig mit drei Geschossen für Zusatzeinrichtungen. Bei der Platzierung des zweiten Gebäudes wurde Rücksicht auf den Zugang zur Namdaemun Church genommen. Kimm entwickelte den Plan um zwei Grundüberlegungen. Die eine bedeutete die Errichtung eines dreistöckigen Atriums, das die Hauptlobby, die untere Lobby und die zweite Etage miteinander verbindet und somit die Hangsituation des Baugeländes aufgreift. Bei der anderen ging es um einen guten Blick auf den Mt. Namsan, den er durch die Ausrichtung des Gebäudes mit den Gästezimmern sicherstellte. Trotz der vielen Änderungen am Projekt seit seinen Anfängen wurde während des gesamten Bauprozesses an diesen beiden Konzepten unbeirrt festgehalten.

Das Seoul Hilton Hotel zählt zu Jong Soung Kimms Hauptwerken, was damit zu tun hat, dass dieser Bau die Raumkonzepte, mit denen er sich bis dahin beschäftigt hatte, am anschaulichsten verdeutlicht. Besonders während der Planungen des Lobbybereichs befasste er sich intensiv mit Raumfolgen und den Wirkungen des Einsatzes von natürlichem Licht und von Säulen. Für Kimm war diese Lobby sehr wichtig und er betonte die Bedeutung eines zentralen Raumes, wobei er diesen funktional mit den Zusatzeinrichtungen des Hotels verband. Wer durch die Lobby des Seoul Hilton Hotels geht, erlebt einen Anstieg der Höhe von 18 m: einen „Raum, der das Herz höher schlagen lässt", wie Kimm das umschrieb. Das Raumkonzept seiner Hotelgebäude bestand aus der Reihung von Räumen: der Lobby-Atrium-Lounge. Das Atrium schließt direkt an die Lobby an – als ein zentraler Raum, bei dem die verschiedenen Funktionen des Hotels zusammenlaufen.

Beim Seoul Hilton Hotel machen sich zwei unterschiedliche Einflüsse bemerkbar. Im einen ist die Hotelarchitektur John Portmans aus den späten 1960er Jahre zu erkennen, der das Atrium wirksam einsetzte. „Er schuf hier eine moderne Version der großen Salons, bei der Licht, das durch ein Oberlicht fiel, bunte Farben und mechanische Einrichtungen wie der Glasaufzug wie ornamentale Elemente verwendet wurden."[32] Portman entwarf diese Hotelgebäude, als Kimm noch in den Vereinigten Staaten arbeitete, und sie genossen allgemeine Anerkennung. Kimm verwendete das Atrium in einem viel kleineren Maßstab als Portman und betonte die Direktionalität, wodurch ein Raum mit einer sehr viel größeren Dynamik entstand.

Des Weiteren übten die Pläne mittelalterlicher abendländischer Kirchen Einfluss auf Kimms Arbeit aus. Der Grundriss des Seoul Hilton Hotels zeigt Ähnlichkeiten zu Formen des lateinischen Kreuzes, wie sie in der abendländischen Sakralarchitektur eingesetzt wurden: Erstens teilen Säulen den Innenraum des Hotels in drei Abschnitte, was an die Anlage

A Heart-Soaring Space:
The Lobby of the Seoul Hilton Hotel

Kimm's first experiments were carried out during the design of the Seoul Hilton Hotel. This building constituted a turning point in Kimm's architectural career, and although nearly three decades old, it is still looked to as one of his major works. This project enticed Kimm to leave Chicago and launch his prolific architectural career in Korea. Starting from 1977, Kimm was involved in the planning and construction of the Seoul Hilton Hotel at the request of the Daewoo Group. In 1978, he returned to Korea with a completed design. The challenges of the site included the adjoining Namsan Ring Road and the steep two-story slope towards the west. Moreover, the Namdaemun Church abuts the site boundary, so consideration had to be given to the relationship with this building. The initial design proposed by Kimm is axonometric. In the initial rendering, the project consisted of two buildings: one is a tall building with guestrooms turned thirty degrees toward Mt. Namsan, and the other is a three-story low-rise building that accommodates auxiliary facilities. The secondary building is sited in such a way to give consideration for entry to the Namdaemun Church. While producing this plan, Kimm took into account two core concepts. One was to compose a three-story atrium that connects the main lobby, lower lobby and the second floor, thus taking advantage of the sloped site. The other was to emphasize views toward Mt. Namsan by the orientation of the guestroom building. Despite the many modifications made to the project since its first inception, these two concepts remained consistently intact throughout the process.

The reason why the Seoul Hilton Hotel is seen as one of Jong Soung Kimm's major works is that the building most clearly reflects the spatial concepts he had researched until then. In particular, while designing the lobby area of this hotel, the architect intensively studied a sequence of spaces and the effects of natural light and columns. Kimm placed great emphasis on the lobby, asserting the importance of a central space, and functionally connecting auxiliary facilities of the hotel to that space. In the case of the Seoul Hilton Hotel, when one passes through the lobby, a height increase of 18 m occurs, described by Kimm as a "heart-soaring space."

The spatial concept Kimm used in his hotel buildings is the sequencing of a series of spaces: the lobby-atrium-lounge. The atrium connects directly to the lobby as a central space that integrates the various functions of the hotel.

In the Seoul Hilton Hotel, Kimm references two distinct influences. One was John Portman's hotel architecture, from the late 1960s, where Portman actively utilized the atrium. "Here he produced modern-version large salons in which light coming down from the skylight, colorful colors, and mechanical devices such as the glass elevator were used as if being like ornaments."[32] The Portman hotel buildings were designed when Kimm was working in the United States, and they enjoyed considerable popular acclaim. Kimm's use of the atrium was at a much smaller scale than those of Portman's, emphasizing directionality and thereby creating a far more dynamic space.

The plans of Western Medieval church buildings are another influence on Kimm. The floor plan of the Seoul Hilton reveals similarities to the Latin cross forms of Western religious architecture. First, the internal space of the Seoul Hilton Hotel is divided into three bays by columns, similar to the floor layout of religious architecture in the West where two aisles flank a central nave. Second, the public space on the first floor of the Seoul Hilton forms a procession from lobby to atrium to lounge, which is reminiscent of the path from nave to altar to ambulatory taken in traditional church architecture. The similarities are emphasized by the soaring, high, three-story atrium, reminiscent of the dramatically vertical space of the altar. Third, round columns covered in bronze are reminiscent

Pusan Paradise Beach Hotel, 1983–1988
Exterior views | Außenansichten

abendländischer Sakralbauten erinnert, bei denen zwei Seiten- das Hauptschiff flankieren. Zweitens greift der öffentliche Bereich des ersten Stockwerks im Seoul Hilton mit seiner Reihung von Lobby, Atrium und Lounge hintereinander in gewisser Weise jenen Weg in der traditionellen Kirchenarchitektur auf, der vom Hauptschiff zum Altar und zum Chorumgang leitet. Die Ähnlichkeiten werden durch das aufstrebende, hohe, drei Stockwerke umfassende Atrium weiter verstärkt, das an einen extrem vertikal ausgerichteten Altarraum erinnert. Drittens mahnen runde, mit Bronze überzogene Säulen an die reich profilierten Pfeiler mittelalterlicher Kirchen. Diese Pfeiler wurden über eine Bündelung von Halbsäulen geschaffen und die Säulen so ausgeformt, dass die Kirchgänger dynamisch nach vorne zum Altar gezogen werden. Kimms Experimentieren mit verschiedenen Säulenformen lässt sich auf diese Ideenwelt zurückführen. Zu einem abschließenden Vergleich kann noch der Höhenwechsel herangezogen werden, dem man begegnet, wenn man eine Kathedrale durch einen niedrigen Eingang betritt. Eine ähnliche Raumfolge zeigt auch der Eingangsbereich des Seoul Hilton Hotels.

Im Allgemeinen ist es schwierig, überzeugende Raumkonzepte für das Innere von Hotels zu entwickeln, da hier normalerweise wirtschaftliche Erwägungen im Vordergrund stehen. Die Hotels von Kimm bilden jedoch die Ausnahme zu dieser Regel. Nach dem Seoul Hilton Hotel entwarf er hintereinander drei weitere: das Paradise Beach Hotel in Pusan (1983–1988), das Swiss Grand Hotel Seoul (1984–1986) und das Kyongju Hilton Hotel. Diese Projekte zeigen untereinander große Ähnlichkeiten, und es kann behauptet werden, dass sich seine Hotelprojekte alle vom Seoul Hilton ableiten lassen. Besonders das Paradise Beach weist zahlreiche Raumkonzepte auf, die denen des Seoul Hilton Hotels ähneln; die folgenden Unterschiede ergaben sich aus den Bedingungen des Geländes: Erstens wurden hier Lounge und Atrium zu einem Raum zusammengefasst, da das Paradise Beach Hotel auf einem kleineren Grundstück steht. Den zweiten Unterschied bildet der Meeresblick vom Atrium aus, der zu einem Höhenwechsel führte, bei welchem dort der Boden abgesenkt wurde, um von der Lobby aus einen guten Ausblick zu ermöglichen. Trotz dieser Abweichungen teilen sich das Seoul Hilton und das Paradise Beach Hotel im Grundsatz gleichartige Raumkonzepte.

Pusan Paradise Beach Hotel, 1983–1988
Interior view of atrium | Atrium-Innenansicht

of the richly profiled pillars that appear in Medieval church buildings. The pillars are created by bundling rib vaults and forming the columns to dynamically thrust the worshippers to the altar. Kimm's experimentation with column form stems from these ideas. A final comparison can be made with sectional shifts that develop, as when one enters a cathedral through a low entrance. A similar spatial procession occurs at the entryway to the Seoul Hilton Hotel.

Generally speaking, it is difficult to develop strong spatial concepts in hotel interiors, spaces that are usually governed by commercial concerns. Kimm's hotels, however, are exceptions to this rule. After the Seoul Hilton, Kimm consecutively designed three hotels: the Paradise Beach Hotel in Pusan (1983–88), the Swiss Grand Hotel Seoul (1984–86), and the Kyongju Hilton Hotel. Many similarities can be found between these projects, and it can be argued that his hotel projects are derivatives of the original Seoul Hilton Hotel. In particular, the Paradise Beach Hotel features many similar spatial concepts to the Seoul Hilton Hotel, and the following differences are defined by the limitations of the site: First, due to the smaller site of the Paradise Beach Hotel, the lounge and the atrium were combined into one space, thereby redefining the sequencing of the hotel. The second difference is the view to the sea from the atrium, which demanded a sectional shift, lowering the floor of the atrium for full views from the lobby. Despite these differences, the Seoul Hilton Hotel and the Paradise Beach Hotel share fundamentally similar spatial concepts.

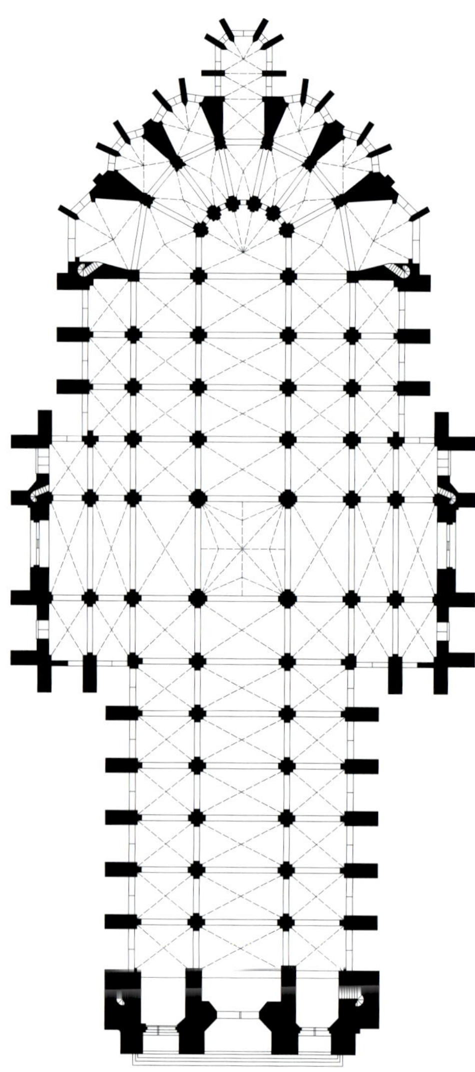

Comparison of plans: a Gothic cathedral (Amiens), Pusan Paradise Beach Hotel lobby, Seoul Hilton Hotel lobby
Planvergleich: gotische Kathedrale, Lobby des Pusan Paradise Beach Hotels und Lobby des Seoul Hilton Hotels

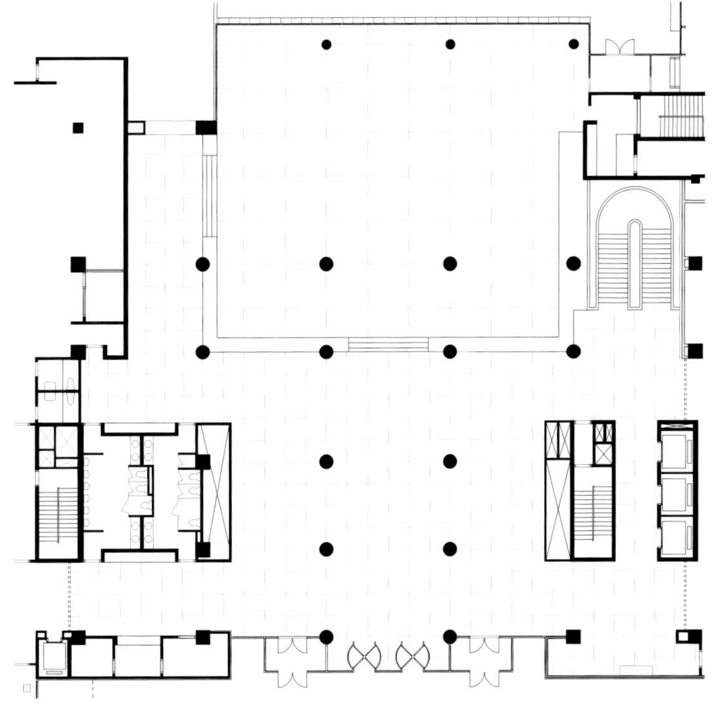

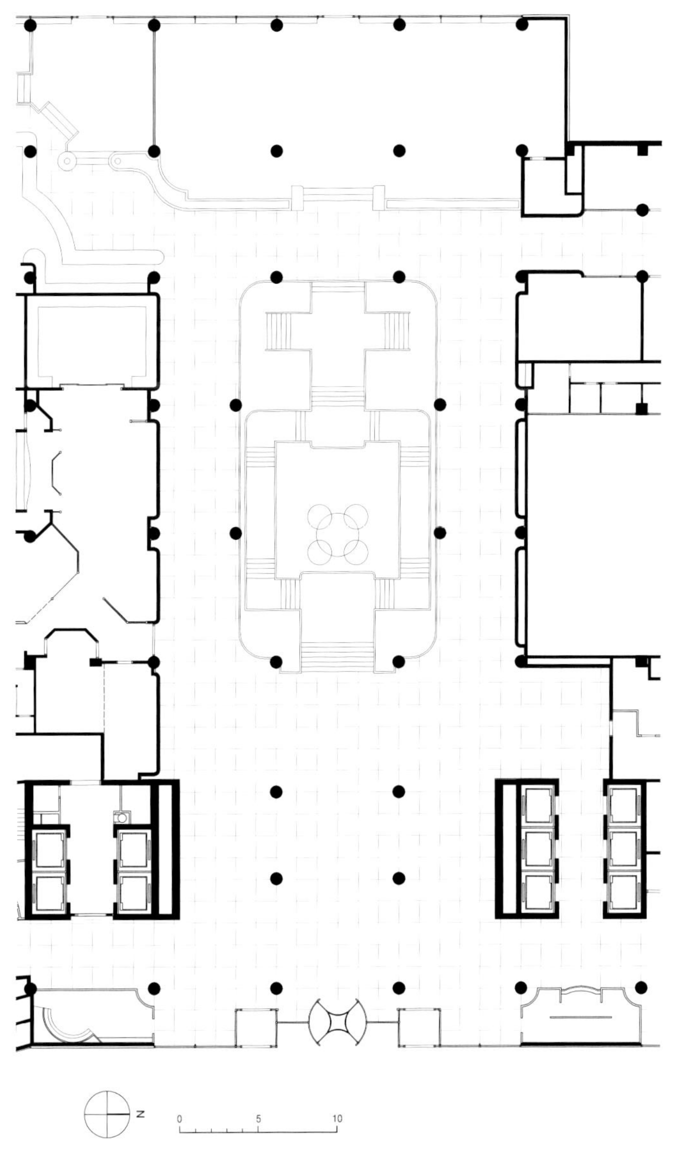
N
0
5
10

Seoul Hilton Hotel, 1977–1983

Curtain wall detail | Detail Vorhangfassade
East façade | Ostfassade

Axonometric | Axonometrie

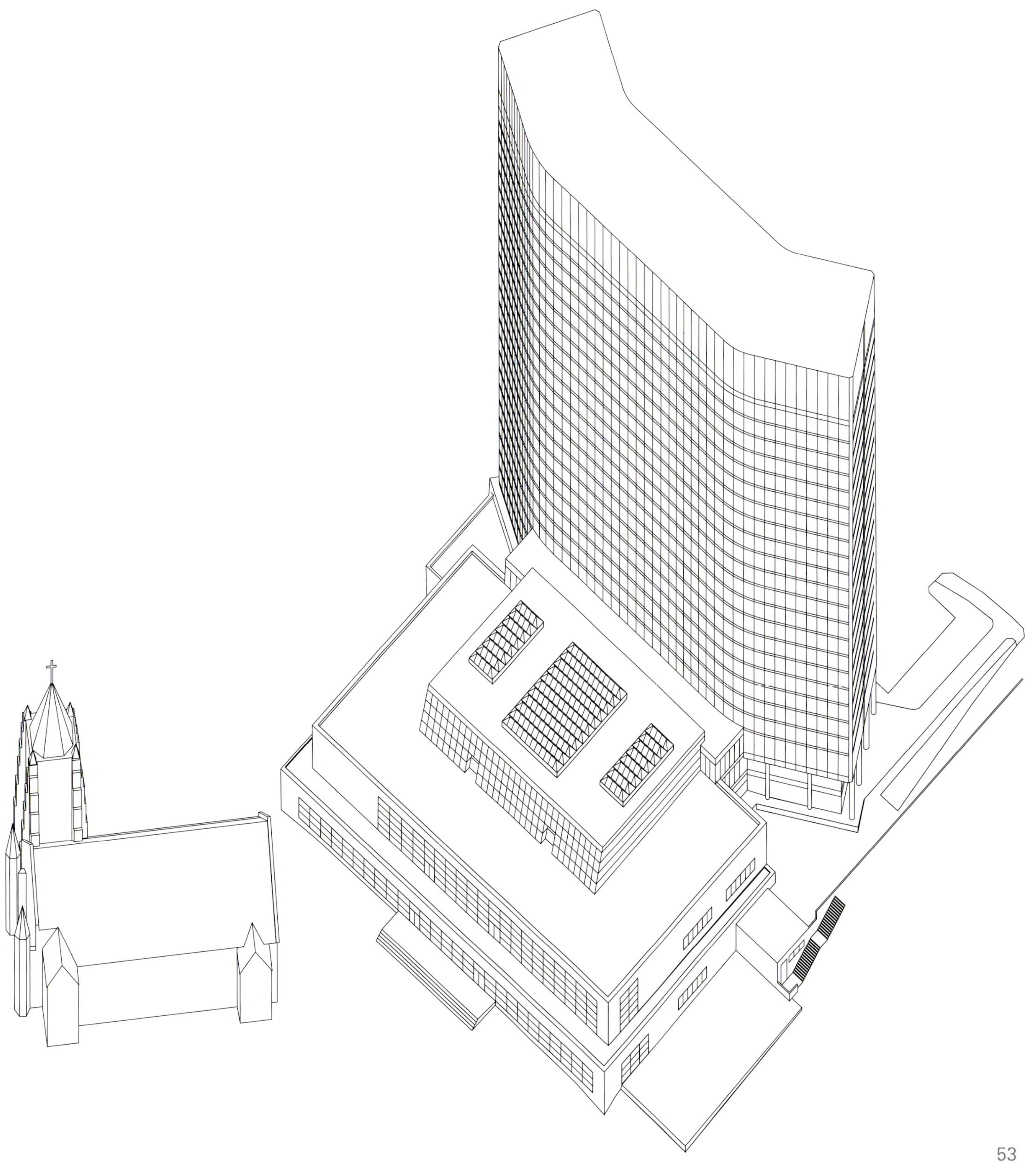

Interior view of lobby | Innenansicht der Lobby

Interior view from atrium to entrance
Innenansicht vom Atrium zum Eingang

Interior view of lobby, original finish 1983
Innenansicht der Lobby, Originalzustand nach Fertigstellung 1983

Aufsteigende zentrale Räume: Korea Military Academy Library

Die sich in der Mitte des Campus der Korea Military Academy Hwarangdae in Seoul befindende Korea Military Academy (KMA) Library wurde stark von Mies van der Rohes Bacardi Administration Building (1958–1961) in Mexico City beeinflusst. Bei diesem Projekt setzte Mies die Eingangshalle zurück, während sich das darüberliegende Stockwerk mit Büros auf einen zentralen Schacht hin öffnet. Zwei symmetrisch angeordnete Treppen verbinden die Halle mit dem Erdgeschoss. Die KMA Library weist ähnliche Maße auf und verfügt im Inneren über einen zweistöckigen zentralen Raum. Die beiden Gebäude zeigen jedoch erhebliche Unterschiede bei der Raumanordnung, wodurch sich Kimms und Mies' Architektur eindeutig voneinander abheben.

Der erste Unterschied liegt in den Beziehungen zwischen Raum, Form und Struktur. Mies van der Rohes Bacardi Building bestand aus einer Stahlkonstruktion, bei der die Pfosten der Doppel-T-Träger in Abständen, die den Moduleinheiten folgen, angebracht wurden. Die KMA Library ist eine Stahlbetonkonstruktion mit vertikal verlaufenden Jalousien in der Mitte der dreigeteilten Fassade – diese in Abständen von 3 m, was jedem zweiten Planungsmodul gleichkommt. Somit passt Kimms modulares System im Hinblick auf Struktur, Form und Raum nicht so perfekt zueinander, wie dies bei Mies' Architektur der Fall ist. Da sich Kimm bei seinem Entwurf der KMA Library an das Bacardi Building anlehnt, zeigt sich hier, wie er dessen modulares System zu einer einzigartigen Methodik der Raumkomposition weiterentwickelte.

Mies diente das modulare System zur Schaffung von Raum auf der Grundlage der Beziehung zwischen Struktur, Raum und Form. Auch Kimm verwendet bei seinen Arbeiten ein modulares System als Basis für Entwurfsprozesse, wobei sich das aber nicht in jedem Fall auf Struktur, Raum oder Form auswirkte. Basierend auf einer Moduleinheit von 1,8 qm trifft man beim Bacardi Building auf Stützen im Abstand von 9 m, die jeweils aus fünf Modulen in Breite und Länge bestehen. Die Fassade zeigt fünf Abschnitte mit an beiden Enden Auskragungen, die 3,6 m hervorstehen, die Seitenwand hat drei Abschnitte; die Gesamtgeschossfläche beträgt 52,2 × 27 m. Im Vergleich zum Bacardi Building verfügt die KMA Library, die auf einer Moduleinheit von 1,5 qm basiert, über Stützen im Abstand von 12 m, was acht Moduleinheiten entspricht. Zusätzlich haben alle vier Seiten des Gebäudes nach außen abschließende, 3 m große Auskragungen, womit die Gesamtfläche 66 × 42 m beträgt. Das Bacardi Building hatte eine zum Grundriss eher lange Fassade, wohingegen das Flächenverhältnis der KMA Library nahe am Goldenen Schnitt lag, und dieses System war es denn auch, das Kimm als ideale Proportionen betrachtete.

Der zweite Unterschied zeigt sich bei der Bestimmung der Charakteristika der zentralen Räume. Das Erdgeschoss des Bacardi Building besteht aus einer Halle, die das Treppenhaus einschließt, wohingegen in der KMA Library der Lese- und der Seminarraum den zentralen Raum umschließen. Das Raumgefühl ist bei Mies' Gebäude ein anderes – die Sicht nach oben ist durch die Decke versperrt, doch sind die Außenwände aus Glas und wird der Blick somit horizontal weitergeführt. Bei der KMA Library wird hingegen der zentrale Raum im Erdgeschoss durch Wände eingefasst, im Obergeschoss bilden sich teilweise dunkle Räume aufgrund der dicht beieinander stehenden Bücherregale und Arbeitsplätze, so dass sich die Innenräume eher zur Mitte hin konzentrieren, als dass sie sich in Richtung Außenwände auflösen. Diese räumliche Konzentration vermittelt das Gefühl eines Aufstiegs. Bei Mies' Bau dringt Licht von allen Richtungen ein und verteilt sich gleichmäßig im Raum. Bei Kimms Architektur fällt Licht nur durch ein einziges Oberlicht herein, das über der konzentrierten Masse des Baus angeordnet ist und dadurch eine dynamische Direktionalität bietet.

Die dritte Ungleichheit liegt in der Form der Treppen, die sich an beiden Seiten des zentralen Raumes befinden. Mies gab ihnen eine L-Form, wohingegen Kimm sie in U-Form ausbildete. Solche Unterschiede wirken sich auf die Räumlichkeit des Erdgeschosses aus. Bei Mies' Barcadi Building gestaltet sich das Erdgeschoss offen und ist aus Glas. Dementsprechend wurde auch eine Form der Treppen gewählt, die einen möglichst freien Blick gewährt. Kimm setzte hingegen die Treppen ein, um die Beziehungen zwischen benachbarten Räumen zu definieren, die den zentralen Raum umgeben. Die räumlichen Unterschiede zwischen Mies und Kimm können somit zusammengefasst werden in: horizontale Auflösung gegenüber vertikalem Aufsteigen von Raum, Sich-Öffnen von Außenwänden gegenüber ihrer teilweisen Blockierung sowie gleichförmiges Licht gegenüber Licht, das eine Richtung angibt.

Ascending Central Spaces: The Korea Military Academy Library

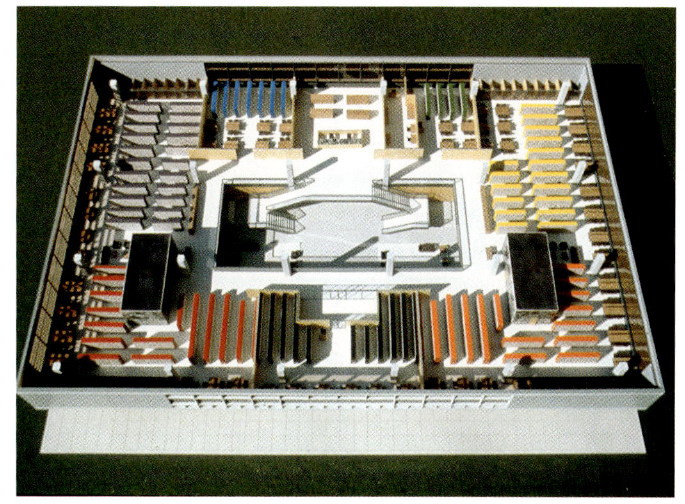

The Korea Military Academy Library, located in the middle of the Korea Military Academy Hwarangdae campus in Seoul, is greatly influenced by the Bacardi Administration Building (1958–61), designed by Mies van der Rohe in Mexico City. In this project, Mies set back the entrance hall from the façade while the office floor above opened to form a central well, and two symmetrically arranged stairs connect the hall at the ground level. Likewise, the KMA Library also shares a similar scale and has an internal double-story central space. However, there are important differences in spatial composition between these two buildings, which sharply distinguish Kimm's architecture from Mies's architecture.

The first difference lies in the relationships between space, form and structure. Mies van der Rohe's Bacardi Building was composed of a steel structure, where the I-beam mullions were attached at the same intervals as the unit modules. The KMA Library was made of a reinforced concrete structure with vertical louvers installed at 3 m intervals, corresponding to every two planning modules, in the center of the tri-partite walls of the façade. Thus, Kimm's module system does not perfectly conform in structure, form, and space, as it does in Mies' architecture. As the KMA Library was designed in reference to the Bacardi Building, it shows how Kimm evolved the Bacardi Building's modular system into a unique methodology of spatial composition.

For Mies, the modular system was a spatial generator, based on the relationship between structure, space and form. Kimm's work also uses a modular system to provide a platform for design processes, but does not consistently impact the building structure, space, or form. Based on a 1.8 m square unit module, the Bacardi Building has 9 m column intervals, consisting of five modules each in width and length. The façade has five bays with projecting 3.6 m cantilevers on both sides, and the side has three bays with an overall floor size of 52.2 × 27 m. Compared to the Bacardi building, the KMA Library, based on a 1.5 m square unit module, has column intervals of 12 m, which is eight times the unit module. In addition, all four sides of the building are projected outward with 3 m cantilevers, thus overall it is 66 × 42 m. Whereas, the Bacardi Building had a floor plan with a rather long façade, the configuration of the overall floor plan of the KMA Library was close to the golden ratio, and this floor system was what Kimm considered the ideal proportion.

The second difference appears in the definition of the characteristics of the central spaces. The ground floor of the Bacardi Building consists of a hall, including the staircase, while in the KMA Library the reading room and the seminar room surround the central space. The sense of space differs in Mies's building – the ceiling is blocked, although the outer walls are made of glass, so the vantage points continue to spread horizontally. In the KMA Library, on the other hand, the central space is blocked by walls on the ground floor, and partially obscured spaces are formed on the upper floor due to densely placed bookshelves and study carrels, so that interior spaces are concentrated towards the center, rather than dispersed toward the outer walls. This spatial concentration arouses a sense of ascension. In the case of Mies's building, light enters from all directions spreading uniformly over the space. In Kimm's architecture, however, light enters from a single skylight located above the concentrated mass of the building, thereby offering a dynamic directionality.

The third difference is the forms of the staircases located on both sides of the central space. Mies formed these into L-shapes, while Kimm created U's. Such differences impact the spatiality of the ground floor. In Mies's Bacardi Building, the ground floor is open and made of glass, so the forms of the staircases were designed to maximize visual porosity. On the other hand, Kimm used the forms of staircases to define relationships with neighboring rooms that surround the central space. Thus, the spatial differences between Mies and Kimm can be summarized as horizontal diffusion of space versus vertical ascension of space; the opening up of outer walls versus the partial blockage of outer walls; and the uniformity of light versus the directionality of light.

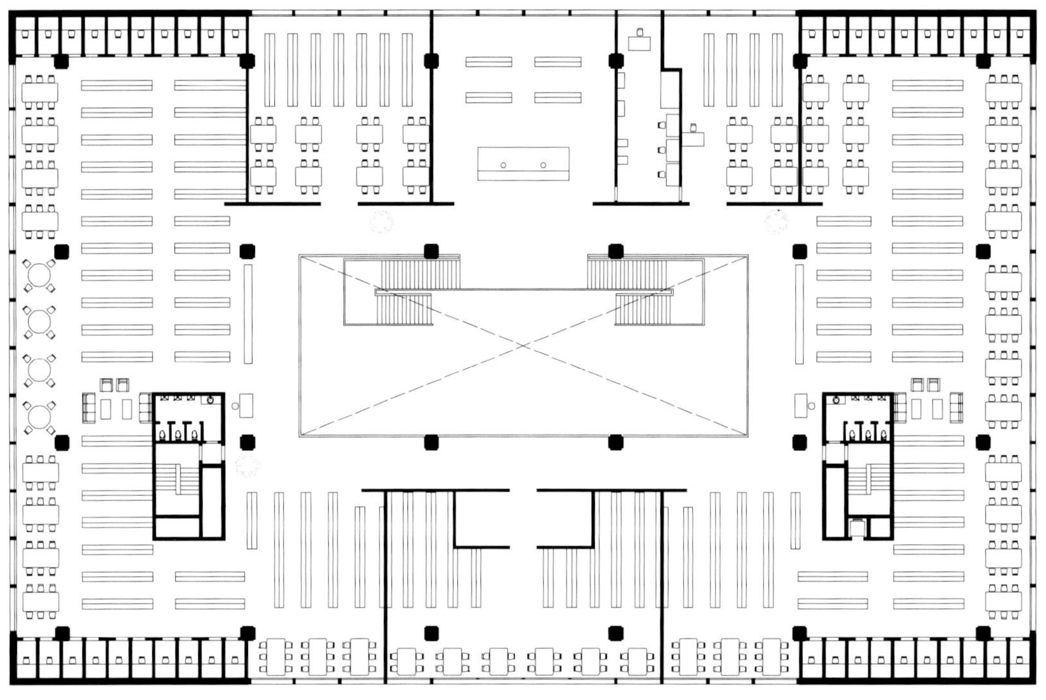

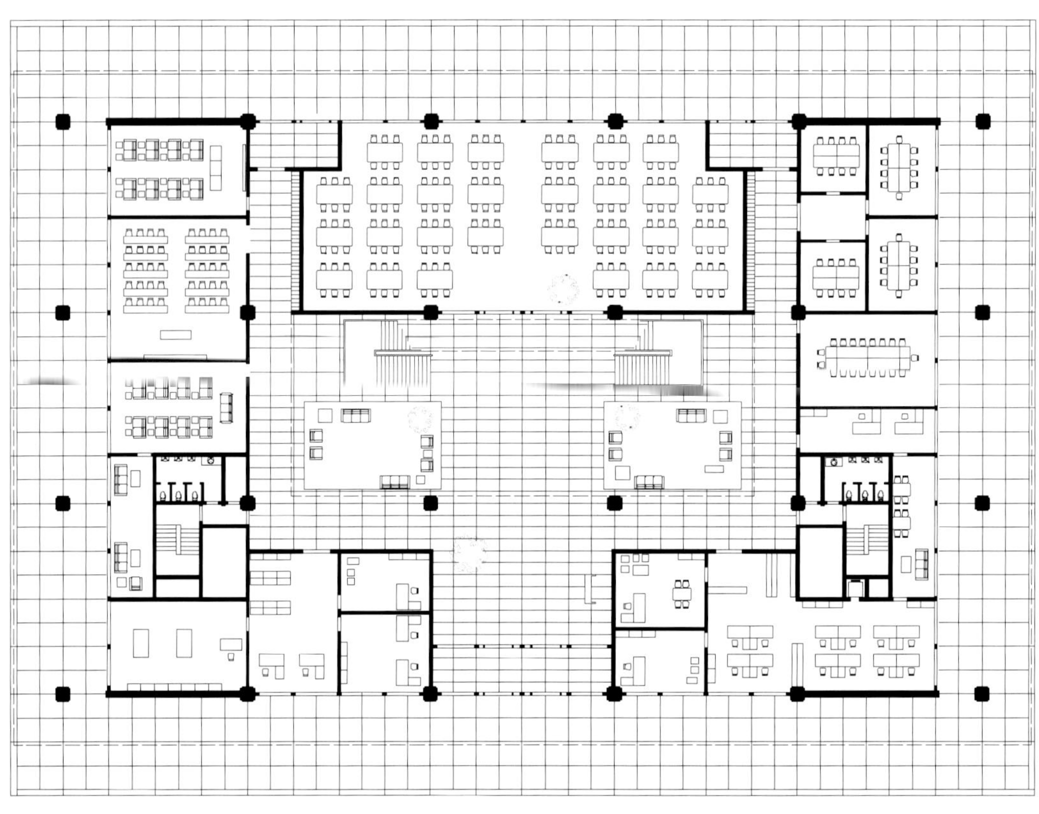

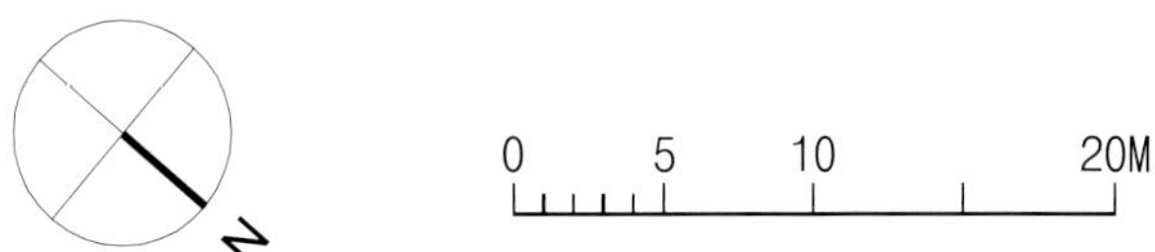
N
0
5
10
20M

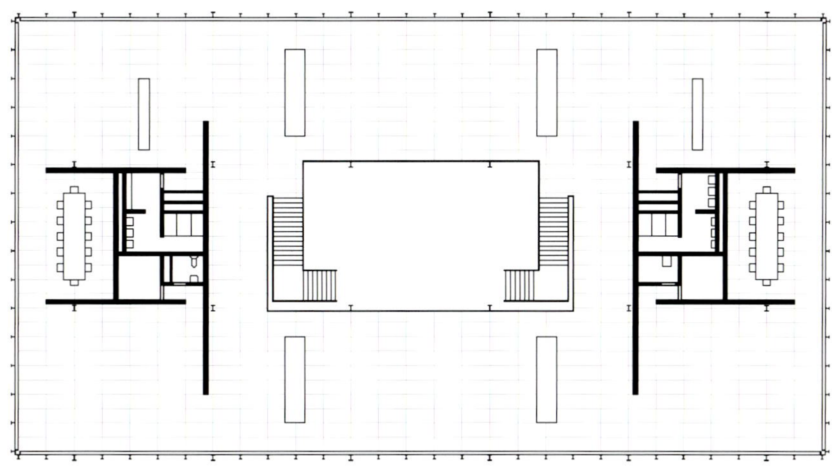

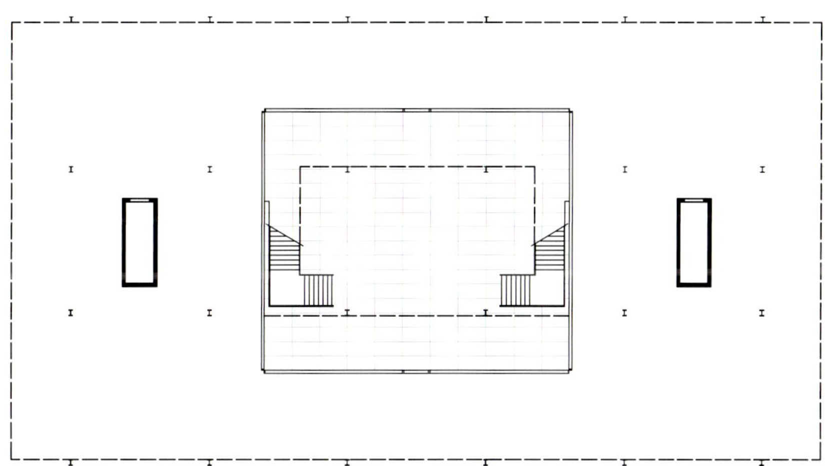

Comparison of plans | Planvergleich
Korea Military Academy Library,
Bacardi Administration Building

Korea Military Academy Library, 1980–1982

Korea Military Academy Library, 1980–1982
Central space | Zentraler Raum

Korea Military Academy Library, 1980–1982
Detail of skylight | Oberlichtdetail

Die Geburt eines neuen Raumes: Seoul National University Museum

Mit seinem Seoul National University Museum beabsichtigte Kimm, einen neuen Typ Ausstellungseinrichtung zu schaffen. Überraschenderweise schaute er dabei nicht auf seine sonstige Quelle der Inspiration, sondern entfernte sich vollkommen von den von Mies erarbeiteten Konzepten für die Neue Nationalgalerie in Berlin und das Museum of Fine Arts in Houston. Ein Grund dafür waren die offenen Räume bei Mies, die in Kimms Augen den Kuratoren den Aufbau von Ausstellungen erschwerten. Oft mussten die wichtigsten Ausstellungsstücke in die Kellergeschosse verbannt werden. Hinzu kam, dass ein unverhältnismäßiges Tragwerksystem eingesetzt werden musste, um Mies' große stützenfreie Räume herzustellen. Diesem ökonomisch ineffizienten Programm trat Kimm in seiner Masterarbeit entgegen. Schließlich war auch inzwischen – im Unterschied zu den Lichtkonzepten zu Mies' Zeiten – natürliches Licht zu einem wichtigen Element im Ausstellungsdesign geworden. Damals war man noch davon ausgegangen, dass die ultravioletten Strahlen des natürlichen Lichts die Kunstwerke schädigen könnten, was Designer davon abhielt, es bei Museen in ihre Planungen einzubeziehen. Kahn trat im Kimbell Art Museum diesen Ideen jedoch entgegen, indem er natürliches Licht in Ausstellungsräume brachte und so neue Ideen für Ausstellungsdesign initiierte. Seit diesem Projekt waren zahlreiche Entwürfe zu solchen Einrichtungen bemüht, natürliches Licht mit der Darbietung von Kunst zu verbinden, so auch Kimms Seoul National University Museum.

Das Seoul National University (SNU) Museum wurde von drei Bauten stark beeinflusst. Das erste war Mies van der Rohes Chemical Engineering and Metallurgy Building am IIT. Kimm übernahm dabei besonders den von Mies dazu verwendeten Innenhof, die Anordnung der umgebenden Räume zu organisieren. Die Konfiguration aus zentraler Lobby, Innenhof und Auditorium, die von Klassenräumen und Labors eingerahmt werden, taucht auch beim Museum auf. Des Weiteren scheint die halbrunde Treppe am Eingang des Seoul National Museum von der Treppe der Villa Tugendhat beeinflusst worden zu sein, die eingesetzt wurde, um einem scheinbar einförmigen Raum Dynamik zu verleihen. Die Galerien, bei denen viertelzylindrische Oberlichter zur Streuung von natürlichem Licht verwendet wurden, waren ebenso eindeutig von Louis Kahns Kimbell Art Museum abgeleitet. Tatsächlich lassen sie sich als eine geschickte Verbindung von Mies' und Kahns Raumkonzepten betrachten. Mit dem von ihm gestalteten großen Raum, in den durch Oberlichter, die in einem Abstand von 7,2 m eingebaut sind, natürliches Licht eintritt, übernahm Kimm Ideen von beiden Meistern. Es ist weder ein Raum im Sinne Kahns noch ein neutraler stützenfreier Raum wie jener in der Neuen Nationalgalerie Berlin. Kimm setzte stattdessen innovative Techniken ein, um sich des natürlichen Lichts so zu bedienen, dass es dem Raum Richtung gibt, und auch die Strukturelemente des Gebäudes folgen dem rhythmischen Fluss zwischen Licht und Schatten.

Die Raummerkmale der Galerie dokumentieren den Bruch Kimms mit den Prinzipien von Mies van der Rohes Architektur, was sich besonders in den Unterschieden bei Struktur und modularem System niederschlägt. Wenn man das IIT Chemical Engineering and Metallurgy Building und das SNU Museum miteinander vergleicht, weisen beide einen gemeinsamem Stützenabstand von 7,2 m auf. Die Gesamtbreite des IIT Gebäudes besteht allerdings aus fünf Abschnitten, wohingegen die Breite des SNU Museums sieben beträgt. Außerdem treten die Nordwände des SNU Museums über 1,44 m über die Stützen hinaus vor, wodurch sich die Breite des gesamten Gebäudes auf 51,84 m erhöht. Von den sieben Bauabschnitten sind die beiden an den Enden (14,4 m) Ausstellungsräume, die drei mittleren (21,6 m) umfassen die Lobby, das Auditorium und den Innenhof. Der Gesamtraum ist wie beim IIT-Gebäude in drei Teile aufgeteilt. Der Stützenabstand ändert sich allerdings bei den Ausstellungsgalerien und im Bereich des Innenhofs von 7,2 auf 14,4 m, um die Streuung des natürlichen Lichts zu steigern. Die Beziehung zwischen Tragwerksystem und Raum wurde manipuliert, um die axiale Anordnung der Säulen in den mittleren Bauabschnitten zu unterstreichen.

Bei der Planung der Galerien versuchte Kimm durch die Anordnung von Säulen neue Raumtypen zu schaffen. Kimm zitierte oft Louis Kahns Aussage, „die Säule ist das größte Ereignis in der Architektur," und all jene, die von ihm eingesetzt wurden, scheinen auch eine solche Bedeutung zu haben. Beim SNU Museum sind sie von den Wänden des Ausstellungsraums abgelöst, wodurch das tektonische System des Baus eine Richtung erhält und sich rhythmische Beziehungen im Raum offenbaren. Obwohl sich Kimm bewusst war, dass diese exponierten Säulen zu funktionalen Problemen bei Ausstellungen führen könnten, betonte er ihre räumliche Bedeutung; eine solche Absicht zeigt sich auch deutlich bei den viertelrunden Galerien des östlich des Kyongbok Palastes gelegenen Seouler Artsonje Center.

The Birth of a New Space: The Seoul National University Museum

Jong Soung Kimm intended to create a new type of exhibition facility through his design of the Seoul National University Museum. Surprisingly, he did not look to his inspirational source, but departed completely from Mies's concepts in the Neue Nationalgalerie in Berlin and the Museum of Fine Arts in Houston. One reason for this is that Kimm found Mies's open spaces difficult for curators to configure for exhibition, and often the main exhibition facilities had to be buried in the basement stories. In addition, an excessive structural system had to be installed in order to create Mies's large column-free spaces. These economically inefficient concepts were refuted in Kimm's master's degree dissertation. Finally, natural light became a strong proponent in exhibition design, which differed from lighting concepts during Mies's time. It had been believed that ultra-violet ray from natural light would damage art works, thus prohibiting designers from bringing in natural light into museum design. However, Kahn's Kimbell Art Museum dispelled these ideas, diffusing natural light into exhibition spaces, creating new ideas in exhibition design. Since this project, numerous exhibition designs have attempted to incorporate natural light and art display, including Kimm's Seoul National University Museum.

The Seoul National University Museum was greatly influenced by three buildings. The first was Mies van der Rohe's Chemical Engineering and Metallurgy Building at IIT. In particular, Kimm employed Mies's use of an inner courtyard to organize the composition of the surrounding spaces. The composition of the central lobby, courtyard, and lecture hall, surrounded by classrooms and laboratories, appears in the Museum. In addition, the semi-circular staircase at the entrance of the Seoul National University Museum appears to have been influenced by the Tugendhat House staircase, which was used to create dynamism in a seemingly uniform space. The galleries were also clearly influenced by Louis Kahn's Kimbell Art Museum, using quarter-cylindrical skylights to diffuse natural light in the galleries. In fact they can be defined as deft combinations of Mies's and Kahn's spatial concepts. Kimm borrowed ideas from the two masters, proposing a large open space where natural light enters through skylights, at intervals of 7.2 m. The space is neither a room, à la Kahn, nor is it a neutral column-free space, as seen in the Neue Nationalgalerie Berlin. Instead, Kimm uses innovative techniques in harnessing natural light to create the direction of space, and the structural elements of the building also respond to the rhythmic flow between light and shadow.

The spatial features of the gallery define Kimm's break from the principles of Mies van der Rohe's architecture, as clearly indicated by the differences in modular and structural systems. When the IIT Chemical Engineering and Metallurgy Building and the Seoul National University (SNU) Museum are compared, both of them display a common column interval of 7.2 m. However, the entire width of the IIT building consists of five bays, whereas the width of the SNU Museum has seven bays. In addition, the northern walls of the SNU Museum cantilever out, about 1.44 m from the columns, thus increasing the width of the entire building to 51.84 m. Among the seven bays, the two end bays (14.4 m) are exhibition spaces, and the three central bays (21.6 m) hold the lobby, auditorium and courtyard. As in the IIT building, the entire space is divided into three parts. However, the column spans change from 7.2 m to 14.4 m in the exhibition galleries and the courtyard area, in order to increase the dispersal of natural light. The relationship between the structural system and space was manipulated in order to place importance on the axial arrangement of the columns in the central bays.

While designing the galleries, Kimm attempted to create new types of spaces through the arrangement of columns. Kimm often quoted Louis Kahn's statement, "the column is the greatest event in architecture," and all his columns appear to have such meaning. Columns in the SNU Museum are separated from the walls of the exhibition space, directing the tectonic system of the building, and revealing spatial rhythmic relationships. Although Kimm was aware that these exposed columns might cause functional problems for exhibitions, Kimm emphasized the spatial meanings of columns. And such intention is well revealed in the quarter round galleries of Artsonje Center Seoul, located to the east of Kyongbok Palace.

Artsonje Center, Seoul, 1994–1998
Interior view of gallery | Innenansicht der Galerie

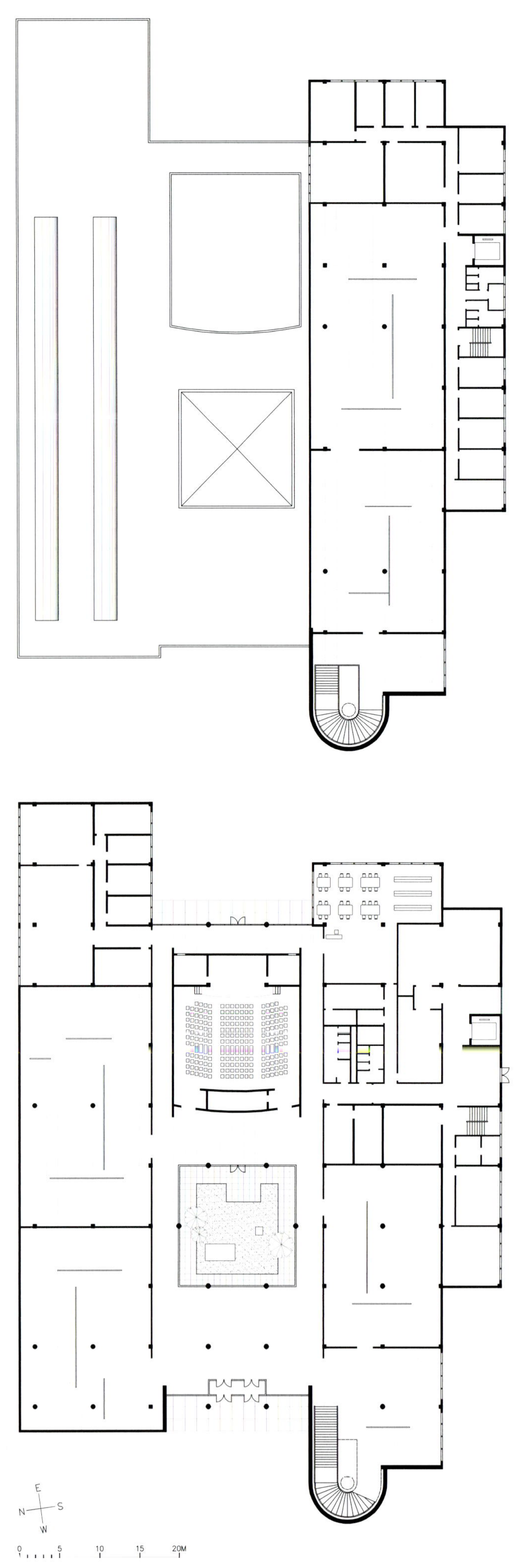
E
N
S
W
0
5
10
15
20M

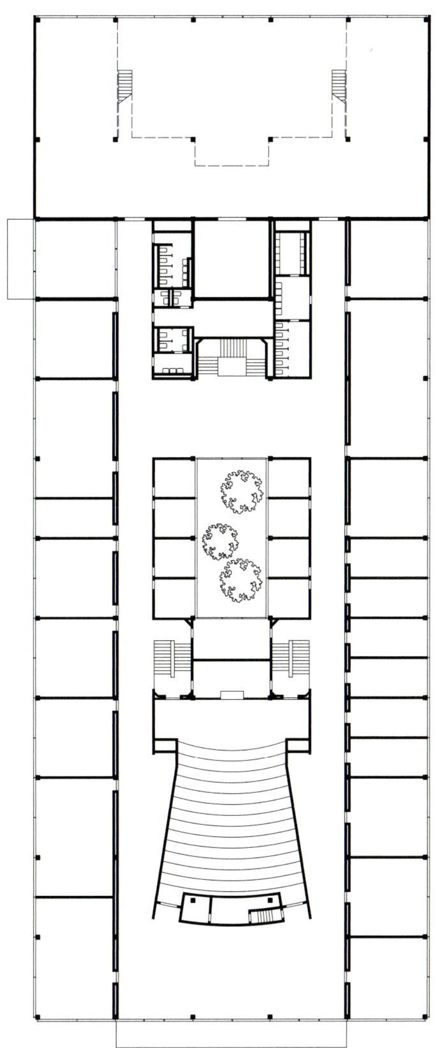

Comparison of plans | Planvergleich
Seoul National University Museum,
IIT Chemical Engineering and Metallurgy Building

Seoul National University Museum, 1982–1991

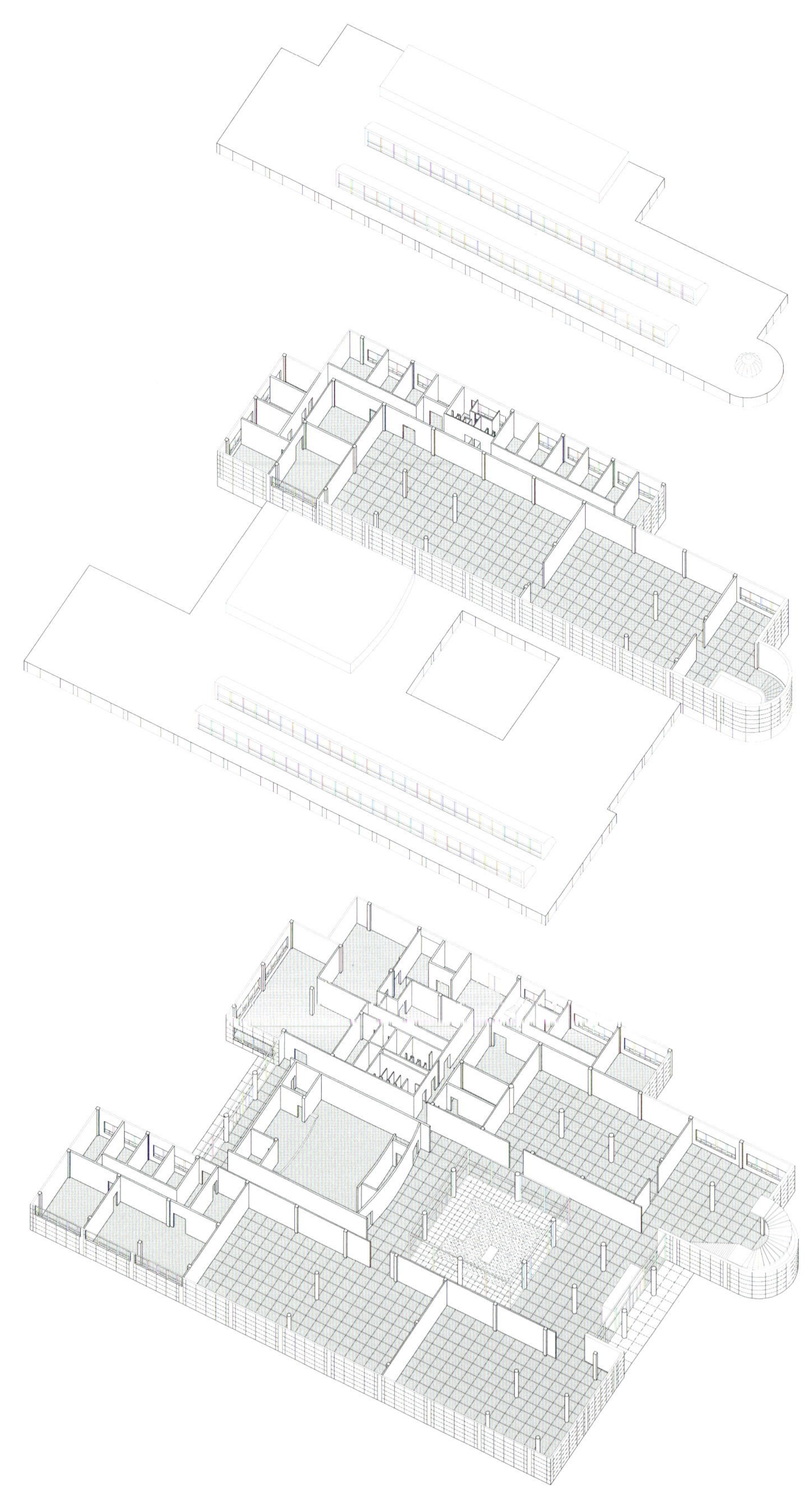

Axonometric | Axonometrie
Courtyard | Innenhof

Interior view of lobby | Innenansicht der Lobby

Interior view of gallery | Innenansicht der Galerie

Lichtrhythmus im Raum: Artsonje Museum, Kyongju

Die von Kimm ab den 1960er Jahren erprobten Raumkonzepte fanden ihren Höhepunkt im Artsonje Museum in Kyongju. Zu dieser Zeit betraute die koreanische Daewoo Gruppe Kimm mit dem Bau eines neuen Hotels in Kyongju. Anders als das Seoul Hilton Hotel war das Kyongju als Niedrigbau geplant. Während Kimm Ideen vom Seoul Hilton Hotel übernahm, berücksichtigte er den Seeblick des Bomun-Komplexes in Kyongju und schuf Balkone, die aus dem Gebäude auskragten und die Atmosphäre des Ferienorts bekräftigten. Der Bauherr beauftragte ihn auch damit, auf dem Hotelgelände ein Kunstmuseum unterzubringen. Die Entscheidungen in Hinblick auf Ort und Größe des Projekts wurden weitgehend dem Ermessen des Architekten anheimgestellt. Kimm wählte eine großzügige Fläche am See, für die er die beiden folgenden Aspekte beachtete: ein räumlicher Bezug des Kunstmuseums zum Hotel und eine nord-südliche Ausrichtung, um das natürliche Licht nutzen zu können. Anders als beim SMU Museum wurde der Eingang für den direkten Zugang in den Süden verlegt.
Das Artsonje Museum in Kyongju wurde so geplant, dass es die Konzepte zweier Bauten miteinander verband, die Kimm zuvor entworfen hatte. Gemeint sind der zentrale Raum der KMA Library und die Ausstellungsgalerien des SNU Museums. Das Museum in Kyongju besteht, abgesehen von den verwaltungstechnischen und kuratorischen Funktionsbereichen, in erster Linie aus einem einzigen offenen Raum. Eine große Eingangshalle und ein Ausstellungsraum im zweiten Stockwerk stehen aufgrund der großen Treppe, welche die verschiedenen Ebenen miteinander verbindet, als eine Einheit nebeneinander. Der Architekt hatte zuvor ähnliche Techniken bei der KMA Library eingesetzt. Beim Artsonje Museum war die Halle jedoch schmal geschnitten, so dass die etwas eigentümliche Richtung der Treppe vorgegeben war. Wenn die Besucher über die Treppe das zweite Stockwerk erreichen, breitet sich vor ihnen ein einzelner leerer Raum aus, der Säulen im Abstand von 21,6 m aufweist. Oben wird die Decke durch Reihen viertelzylindrischer Oberlichter unterteilt, wie sie das erste Mal beim SNU Museum auftraten. Hier sind sie jedoch größer und legen im Gebäude die Stahlkonstruktion frei.
Die Ausstellungsgalerie im zweiten Stock des Artsonje Museum holt sich Ideen sowohl von Raumexperimenten Mies van der Rohes als auch jenen Louis Kahns. Kimm gelang es hier wieder, die sehr unterschiedlichen und widersprüchlichen Konzepte der beiden Meister miteinander zu vereinen. Der Raum offenbart jene unterschwellige Spannung, die entsteht, wenn eine durch das natürliche Licht geschaffene Richtung und die Einförmigkeit eines einzelnen Raumes aufeinanderprallen. Kimms Raum ist weder ein einheitlicher Raum im miesianischen Sinn noch eine Ansammlung individueller Räume wie in Kahns Werk. Er stellt eher eine Verschmelzung von Raumideen dar, die aus intensivem Licht und großflächigen Räumen dynamische Kraft und gefühlsgeladene Qualitäten schafft – und dies gelingt Kimm ganz besonders beim Artsonje Museum.
In seinem Äußeren mischt das Museum kastenförmige Massen mit den Öffnungen der Oberlichter. Anders als bei der minimalistischen, einer geometrischen Ordnung folgenden Architektur Mies' oder den massiven Wänden von Louis Kahn vermeidet das Museum Monotonie und betont dennoch durch das Herausstellen der konstruktiven Prinzipien des Gebäudes die Tektonik des Projekts. Kimm versuchte, dieses Programm über die Steinausführung des SNU Museum umzusetzen, war aber unzufrieden mit dem Resultat, so dass er beim Artsonje Museum neue Oberflächenausführungen und Verzierungstechniken verwendete. Kimm setzte eine besonders ausgestaltete Verkleidung ein, um bauliche Elemente, wie Stützen und Gesimsbänder, hervorzuheben. Um zusätzlich die verschiedenen Raumprogramme von Ausstellungsgalerie sowie der verwaltungstechnischen und kuratorischen Bereiche voneinander abzuheben, führte er die jeweiligen Außenflächen unterschiedlich aus. Die 6 m hohe Ausstellungsgalerie schloss nach außen mit *sangjuseok*, einem warmen grauen Granit, ab, wohingegen die 3,6 m hohen Büros von Verwaltung und Kuratoren mit dunkelgrünem *hudongseok*, einer anderen Granitart, verkleidet wurden. Um die unterschiedlichen Funktionen von außen erkennbar zu machen, kragte Kimm auch eine halbrunde Treppe auf der Außenseite aus und betonte somit ihre Form. Obwohl so Form und Materialien die Unterschiede des Programms im Inneren dokumentieren, vereinigt das durchgängig eingesetzte Tragwerksystem das Projekt zu einem einzigen Ganzen.
Die Stützen des Artsonje Museum sind besonders gestaltet. Von fast kreuzförmiger Gestalt im Querschnitt mit gefalteten, leicht vorstehenden Elementen zeigen sie eine komplex zergliederte Form. Der Architekt beabsichtigte, damit ihre massive Erscheinung zu mildern. Diese Absicht wird bis zu einem gewissen Grad erreicht, in der Wirkung sind sie insgesamt jedoch zu kompliziert und in ihrer Form im Ausstellungsbereich zu ausgeprägt; so wurden sie nach ihrer Fertigstellung auch heftig kritisiert. Auch fällt der Abstand zwischen den Stützen aus dem Rahmen. Er sollte eigentlich im ganzen Gebäude 7,2 m betragen, wurde aber in der Ausstellungsgalerie auf 21,6 m vergrößert. Kimm befürchtete, dass dichter platzierte Stützen für Ausstellungen kontraproduktiv sein könnten. Er wählte anstatt runder Säulen eine Form aus, die im Einklang mit den Stützen im Außenbereich des Gebäudes stand.

View of first floor gallery
Galerie des ersten Stockwerks

The Rhythm of Light in Space: Artsonje Museum, Kyongju

The spatial concepts Kimm explored, starting in the 1960s, culminated in the Artsonje Museum in Kyongju. At the time, Korea's Daewoo Group entrusted the design of a new hotel in Kyongju to Kimm. Unlike the Seoul Hilton Hotel, the Kyongju Hilton was planned as a low-rise building. While borrowing similar ideas from the Seoul Hilton Hotel, Kimm took into account the lakeside views of the Bomun Complex in Kyongju and created balconies that protrude outside the building, heightening the atmosphere of the resort. The client also asked for an art museum to be placed on the hotel grounds. Decisions on location and scale of the project were largely placed at the discretion of the architect. Kimm chose a spacious lakeside site, for which he took into account the following two aspects: a spatial link of the art museum to the hotel; and a north-south orientation to take advantage of natural light. Unlike that of the SNU Museum, the entrance for direct access into the building was placed at the south.

The Artsonje Museum in Kyongju was designed to integrate concepts of two buildings that had been previously designed by Kimm, namely, that of the central space appearing in the KMA Library and the exhibition galleries in the SNU Museum. The Museum is mainly comprised of a single open space, except administrative and curatorial functions. A large entry hall and an exhibition space at the second floor level co-exist as a single entity, due to the grand staircase connecting the different levels. The architect had previously used similar techniques in the KMA Library. At the Artsonje Museum, however, the width of the hall was narrow, defining the singular direction of the staircase. When visitors ascend to the second floor via the staircase, a single empty space unfolds, with four columns placed at intervals of 21.6 m. Above, the ceiling is divided into rows by quarter-cylindrical skylights, which first appeared in the SNU Museum. The scale of these skylights is larger than those at the SNU Museum, revealing the steel structure inside the building.

The second floor exhibition gallery at the Artsonje Museum elicits ideas from both Mies van der Rohe's and Louis Kahn's spatial experimentation. Kimm managed to fuse highly contrasting and conflicting concepts generated by these two masters in the Artsonje Museum. The space reveals this subtle tension as the sense of direction created by natural light and the uniformity of the single space collide with each other. Kimm's space is neither a uniform Miesian space, nor is it a collective of individual rooms, as employed in Kahn's work. It is rather a fusion of spatial ideas that creates dynamism and emotive qualities, generated by intensities in light and vast expanses of space, particularly in the Artsonje Museum.

The exterior of the Museum shuffles between boxy masses and the openings of the skylights. Unlike the minimalist geometric order seen in Mies's architecture, or the solid walls of Louis Kahn's architecture, the museum avoids monotony, yet emphasizes the tectonics of the project by exposing the structural principles of the building. Kimm attempted to realize these concepts in the stone finish of the SNU Museum, but dissatisfied with the effects, he employed new finishes and detailing techniques in the Artsonje Museum. Kimm used embellished cladding to emphasize structural elements, such as columns and fascias. In addition, to differentiate between programs, Kimm used different finishes for the exhibition gallery and administrative and curatorial mass. The 6 m-high exhibition gallery was finished with *sangjuseok*, a warm grey granite, while the 3.6 m high administrative and curatorial offices were clad in dark green *hudongseok*, another type of granite. In order to emphasize the differences in program on the exterior, Kimm cantilevered a semi-circular stairway at the exterior, pronouncing its form. Although the form and the materials define the differences within the interior program, the consistent structural system unifies the project into a singular whole. In the Artsonje Museum the columns have a unique form. There is a roughly cross-shaped section with folded parts that are slight protruded, creating a complicatedly dissected form. Through this, the architect intended to weaken the massiveness of columns. This intention is satisfied to some degree, yet overall the effect is too complicated and its shape too pronounced in the exhibition space, and they faced considerable criticism after construction. The column intervals were also irregular. It was supposed to be 7.2 m for the entire building, yet the interval increased to 21.6 m in the exhibition gallery. Kimm was concerned about whether densely placed columns would undermine exhibitions. Instead of round columns Kimm chose a column shape, to maintain harmony with the form of columns on the exterior of the building.

Kyongju Artsonje Museum, 1988–1991

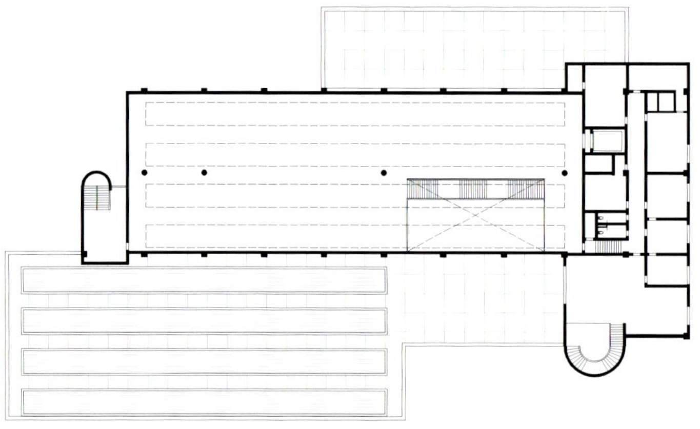

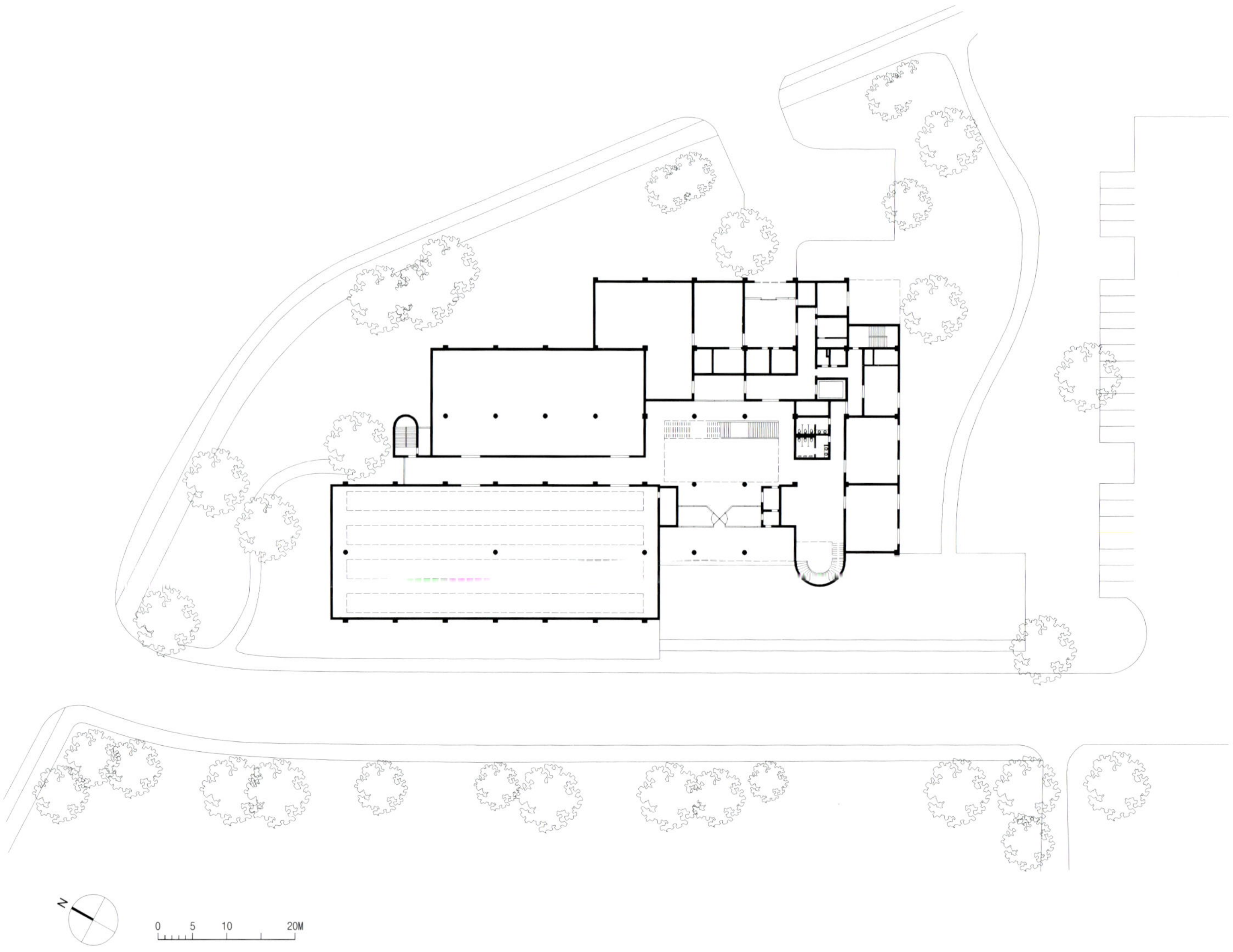

N

0 5 10 20M

First and second floor plans

Grundriss des ersten und zweiten Stockwerks

Structure and skylight

Stahlkonstruktion mit Oberlichtern

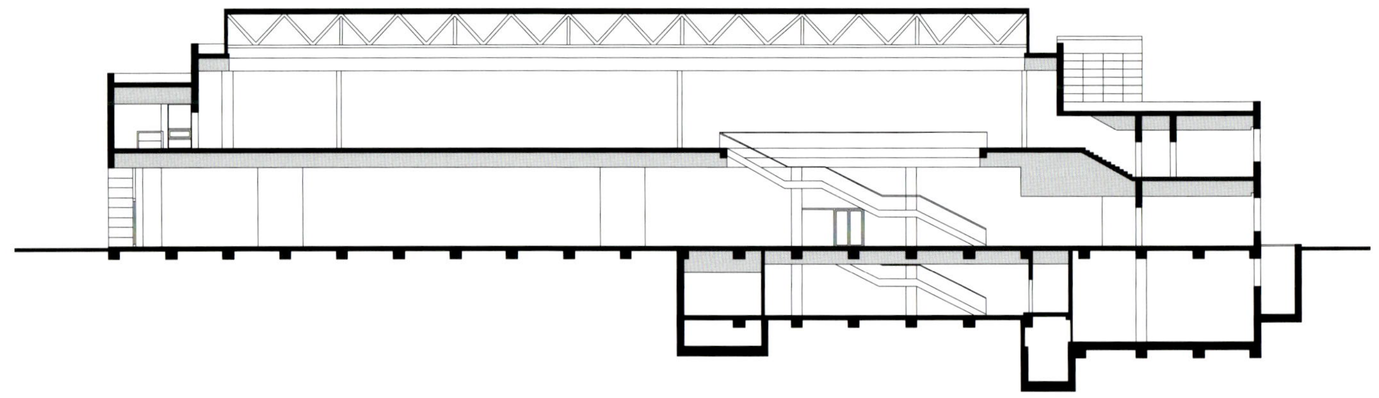

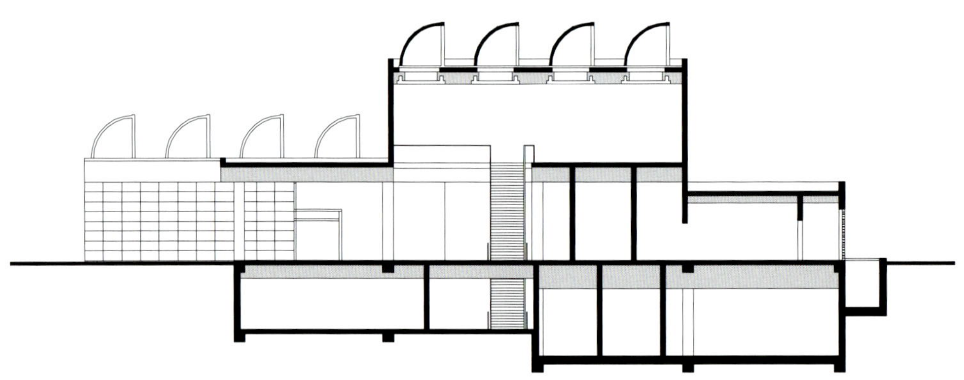

Longitudinal- and transverse section
Längs- und Querschnitt
Juxtaposition of materials
Das Nebeneinander von Materialien

Interior view of main lobby
Innenansicht der Hauptlobby

Interior view of 2nd floor gallery | Galerie im 2. Stockwerk

Ein Dialog mit der Geschichte: Seoul Museum of History

Das Seoul Museum of History ist ein Bau, bei dem die räumliche Vorgehensweise des Artsonje Museum von Kyongju zwar den Grundtyp bildet, dieser jedoch an die Gebäudegröße und die Besonderheiten des Geländes angepasst wurde. Beim Seoul Museum of History gab es sehr viel mehr besondere Planungsbedingungen als beim Artsonje Museum. 1987 wurde mit der Planung begonnen, die Arbeiten daran zogen sich zehn Jahre hin, der Bau war schließlich 1998 fertiggestellt. Im Mai 2002 wurde das Museum eröffnet. Während dieser Zeit wurden an dem geplanten Entwurf beträchtliche Änderungen vorgenommen und die ursprünglichen Ideen des Architekten sehr verändert. Als Kimm von der Stadtregierung Seoul den Auftrag zur Planung erhielt, bestand die Aufgabe zunächst darin, einen bedeutenden Kunstausstellungsraum in der Innenstadt von Seoul zu schaffen, woran er denn auch sehr gewissenhaft arbeitete. Mit der Zeit gestaltete sich das Projekt jedoch als zunehmend schwieriger, außerdem kam es zu einer Programmänderung, es sollte nun das Museum of History hier untergebracht werden. Da der Bau auf dem Areal des ehemaligen Kyonghee Palastes entstehen sollte, stand Kimms technisch orientierter Entwurf nicht in Einklang mit dem Umfeld. Darüber hinaus lag das Baugelände an einer Stelle, an der die Achse der Hauptavenue Jongno abwich, und es erwies sich als nicht einfach, auch dies bei der Auslegung des Gebäudes zu berücksichtigen.

Aus diesen Gründen wurde der Entwurf zum Seoul Museum of History mehrfach verändert. Der erste Vorschlag unterschied sich beträchtlich vom jetzigen Bauwerk. Das Museum wurde zunächst in Richtung Nordosten des Honghwanum Tors ausgelegt, das auf einer direkten Linie mit der Sungjeongjeon Halle liegt, der Haupthalle des Kyonghee Palastes. Es wurde in einer zum Honghwanum Tor leicht abgewinkelten Position platziert – zunächst einmal, weil man den Eingang des Kyonghee Palastes mitbenutzen wollte, vor allem aber, um Oberlichter in Nord-Süd-Richtung einsetzen zu können. Der Entwurf zeigte die gleichen viertelrunden, zylindrisch geformten Oberlichter wie das SNU und das Artsonje Museum. Somit scheint Kimm sein früheres Raumkonzept beim Seoul Museum of History weitergeführt zu haben. Eine augenscheinliche Ähnlichkeit liegt auch im niedrigen Eingangsbereich und dem höher aufsteigenden hinteren Teil des Gebäudes. Da dieses aber viel größer war als seine Vorgänger, wurde das Innere anders genutzt.

Da der Bau auf dem Gelände eines Palastes der Joseon-Dynastie errichtet wurde, gab es viele Einwände, so dass das Projekt nicht wie geplant fortgesetzt werden konnte. Der Architekt hatte keine andere Wahl, als diesen Forderungen zumindest teilweise Folge zu leisten, und so wurde der ursprüngliche Plan im Weiteren beträchtlich modifiziert. Die wichtigste Umgestaltung betraf den Haupteingang des Museums, der um 90 Grad gedreht wurde und zu dem man nun separat vom Honghwamun Tor gelangte. Aufgrund dieser Modifizierung änderte sich die Auslegung des Gebäudes von einer nord-südlichen zu einer ost-westlichen Ausrichtung. Mit der Richtungsänderung kam Kimm den Forderungen offizieller Stellen der Stadt Seoul nach. Sie hielten es für unnatürlich, dass Kyonghee Palast und Museum durch den gleichen Eingang betreten werden sollten, und hatten eine Trennung verlangt. Mit dieser grundlegenden Änderung gestalteten sich die architektonischen Lösungen allerdings als eher schwierig. Zunächst wurden die Oberlichter rechtwinklig und nicht parallel zum Bau ausgerichtet, wodurch sich das Erscheinungsbild des Gebäudes um Einiges veränderte. Die in den Ausstellungsgalerien der unteren Stockwerke eingelassenen Dachfenster erhielten eine U-Form, was die Dachform der traditionellen koreanischen Architektur widerspiegelt. Für Kimm stellte dies allerdings nicht die optimale Lösung dar, denn Passanten sehen beim Vorbeigehen nun hauptsächlich diesen Teil der unteren Stockwerke des Museums. Aufgrund des heterogenen Aufbaus gelingt es ihnen aber nicht, ein einheitliches Bild des Gebäudes zu erfassen.

Versuche, die Nähe des Museums zur traditionellen Architektur zu untersteichen, zeigen sich auch bei der Raumgestaltung. Der Innenraum des dritten Entwurfs erscheint viel zeremonieller und schwerer als im ersten. Das ist teilweise darauf zurückzuführen, dass wie in der klassischen westlichen Architektur eine feierliche Treppe in den zentralen Raum gestellt wurde. Da ihm insgesamt eine Respekt einflößendere Bedeutung zukam, wurde die Anordnung der Säulen verändert, die den Eingang mit dem zentralen Raum verbinden. Auf beiden Seiten wurden vier Säulen angebracht, durch die sich eine stärkere Ausrichtung ergab. Aus diesen Gründen zeigt der zentrale Raum im Seoul Museum of History die feierliche Atmosphäre klassischer Architektur und lässt nicht viel von der für Kimms Entwürfe sonst so charakteristischen Transparenz und behenden Leichtigkeit erkennen.

Die äußere Form des Baus besteht aus einem Stahlrahmen mit Steinausfachung. Um eine traditionelle Atmosphäre zu schaffen, bildete Kimm den Stahlrahmen rostfarben aus, doch erzeugte die Farbe nicht den gewünschten Effekt. Angesichts dieser Tatsachen ist festzustellen, dass Kimm aufgrund der widrigen Umstände seine Ideen beim Seoul Museum of History nicht richtig verwirklichen konnte. Der Konflikt zwischen dem damaligen engstirnigen Regionalismus der Architekturgemeinde Koreas und Kimms Streben nach Universalismus ließ dieses Projekt eine ungünstige Wendung nehmen – sehr zum Bedauern des Architekten.

A Dialogue with History: The Seoul Museum of History

View from southeast | Ansicht von Südosten

The Seoul Museum of History is a case where the spatial method of the Artsonje Museum Kyongju was employed as a basic type, yet was modified depending on the scale of the building and characteristics of the site. The Seoul Museum of History had many more particular design conditions than the Artsonje Museum. The design, started in 1987, proceeded for more than ten years and the construction was completed in 1998. The Museum had its opening in May 2002. During the period, the planned proposal underwent considerable modifications, and ideas Kimm had initially considered were much altered. When Kimm was first commissioned to design the Museum by the Seoul Metropolitan Government, the requirement was to design a major art exhibition space in downtown Seoul, and he worked on the design very conscientiously to fulfill that requirement. However, with the passage of time, its proceedings did not go smoothly. Moreover, the program was changed to house the city museum of history. As the building would be built on the site of the former Kyonghee Palace, Kimm's technology-oriented design was not in tune with the surrounding context. Moreover, as the site was located in a place where the axis of the main avenue Jongno was deflected, it was also not easy to reflect such conditions in the layout of the building.

For these reasons, the proposal on the Seoul Museum of History was modified on several occasions. The first proposal was planned considerably differently from the present building. The layout of the museum was established to the northeast of the Honghwamun Gate, which lies in a straight line with the Sungjeongjeon Hall, the main hall of Kyonghee Palace. The museum was placed in a slightly angled position away from Honghwamun Gate. This was partly in order to share the entrance of the museum with Kyonghee Palace, but most of all it was to utilize a north-south direction to install skylights. The proposal had the quarter circular cylinder-shaped skylights on the ceiling, the same as in the SNU Museum and the Artsonje Museum. Thus, in the Seoul Museum of History, Kimm appears to have expanded the previous spatial concept further. Lowering the mass at the entrance and raising the back part higher is an apparent similarity. However, as this building was far bigger than the previous buildings the interior space was utilized differently.

Because the building was built on the site of a palace of the Joseon Dynasty, many objections were raised, so the project was not able to proceed as planned. Therefore, the architect had no choice but to partially accede to their demands and in the process the initial plan was considerably modified. The biggest change among them was that the main entrance of the museum was rotated by 90 degrees, entered separately from the Honghwamun Gate. Due to the modification, the direction of the building's layout was changed to an east-west direction, rather than a north-south direction. The reason for the change in the direction was due to the demands made by officials of Seoul City. For them it was unnatural for Kyonghee Palace and the museum to share an entrance, and they demanded separate entrances. When the entire layout of the building was changed, architectural solutions became rather difficult. First of all, the skylights were placed in a right angle direction, not parallel to the building, thus the overall image of the building was changed a great deal. The form of the skylights installed in exhibition galleries on lower floors was changed to "U-shape" which echoed the roof-shape of traditional Korean architecture. For Kimm, however, this was not the optimal solution. Thus, when people pass by the museum, they mainly view this part on the lower floors, yet due to their heterogeneous composition, they fail to provide a unified image of the building. Attempts to emphasize the museum's linkage to traditional architecture are also indicated in the space. In the third proposal, compared to the first one, the interior space appears far more ceremonial and heavy. It is partly attributable to the fact that the solemn stairway, as if in the Classical Western architecture, is placed in the central space. As the space became overall more authoritative, the arrangement of columns connecting the entrance to the central space was changed. Four columns were placed on both sides, creating a stronger sense of direction. Due to these aspects, the central space in the Seoul Museum of History features the solemn atmosphere of Classical architecture, and does not much reveal the transparency and nimble lightness characteristic of Kimm's designs.

The exterior form of the building comprises steel frame and stone infill. In order to evoke a traditional atmosphere, Kimm treated the steel frame in rust color. However, the color did not produce the desired effect. Given these, the Seoul Museum of History did not show Kimm's ideas clearly due to the disadvantageous conditions. The conflict between the narrow-minded regionalism of the Korean architectural community at the time and Kimm's attitude of seeking universalism drove this project in an unfavorable direction, to the dismay of the architect.

Seoul Museum of History, 1987–1998

서울歷史박물관
SEOUL MUSEUM OF HISTORY
서울역사박물관
"한밤에 떠나는
박물관 나들이~"

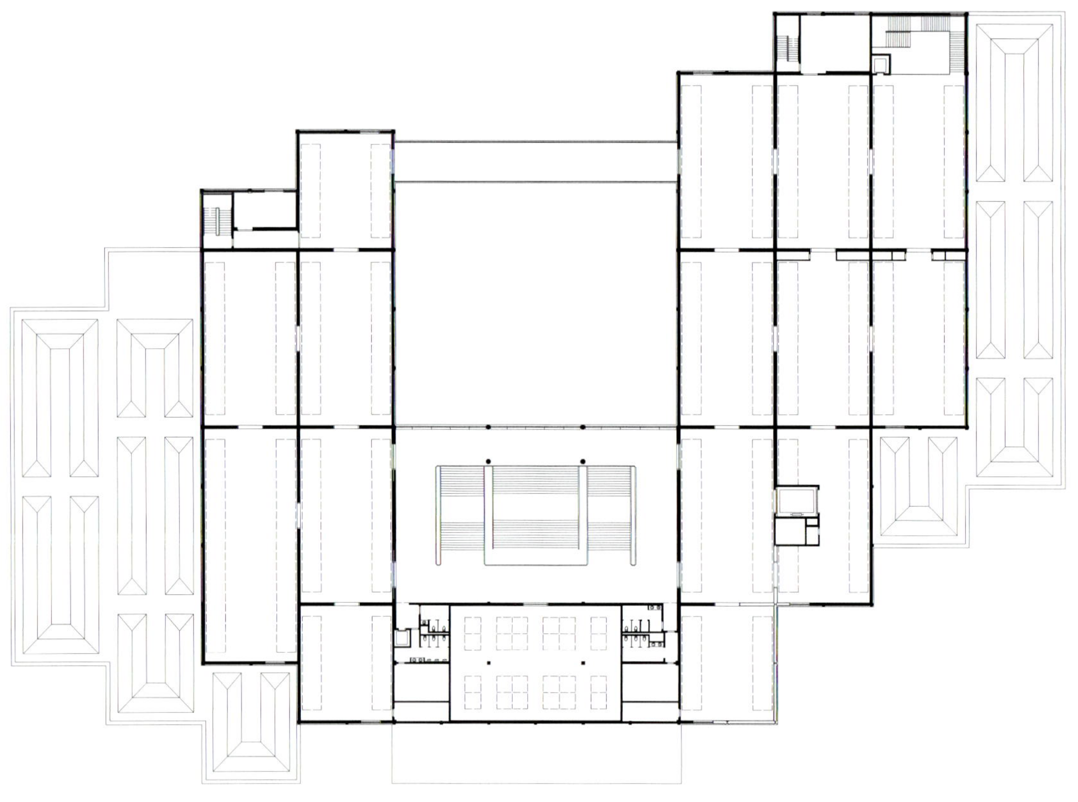

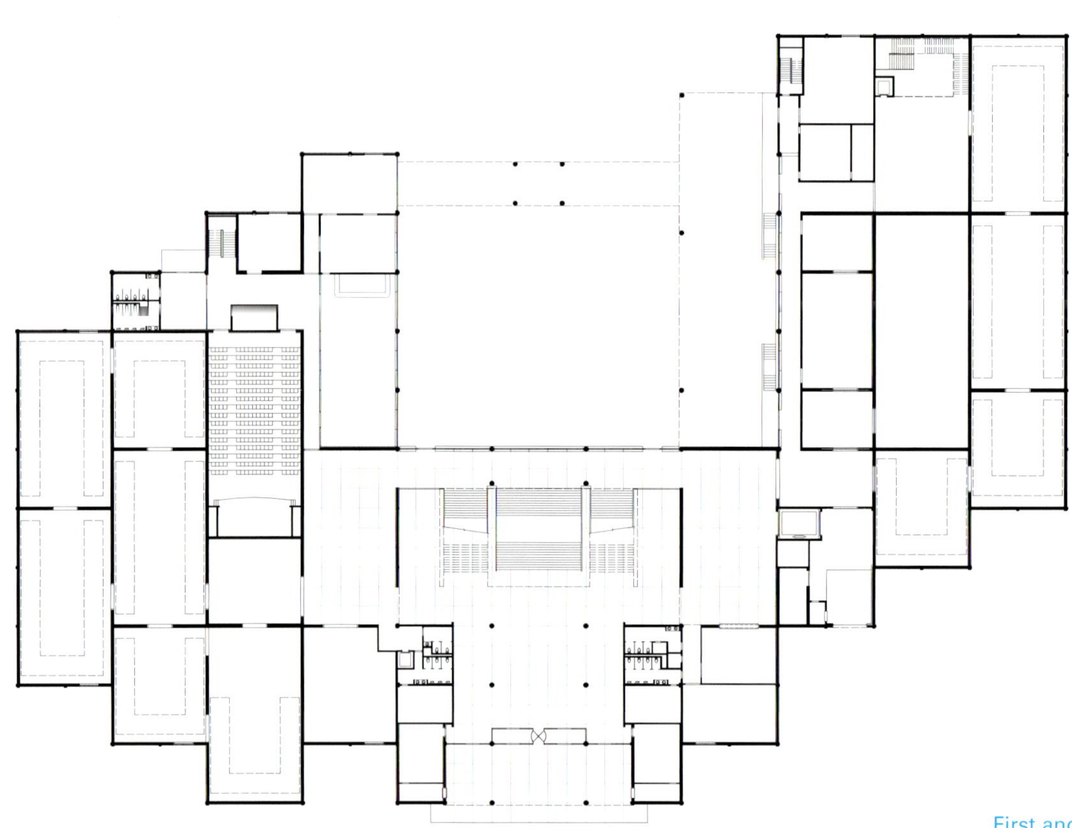

First and second floor plans
Grundriss des ersten und zweiten Stockwerks

Bird's eye view | Vogelperspektive

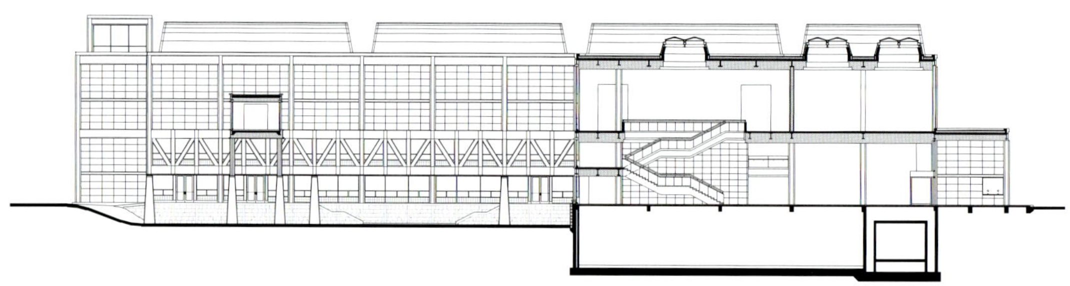

East-West Section | North-South Section
Ost-West-Schnitt | Nord-Süd-Schnitt
Typical gallery, collage
Typische Galerie, Collage

Exterior view of the courtyard | Blick in den Innenhof

Interior views of central space
Innenansichten des zentralen Raumes

Licht und Tragwerksystem: Das Weightlifting Gymnasium für die Olympischen Spiele in Seoul 1988

In seinen Entwürfen von Sporthallen in Korea erforschte Jong Soung Kimm die Wirkung von Licht bei stützenfreien Räumen. Natürliches Licht wird in Gebäude hereingelassen, ohne von Trennwänden unterbrochen zu werden, und schafft dabei Räume, die sich völlig von denen bei Mies unterscheiden. Kimm erhielt die Chance, an der Errichtung von Sporthallen mitzuwirken, als Seoul zum Austragungsort der Olympischen Spiele von 1988 erkoren wurde. Die erste Herausforderung stellte sich ihm hier mit dem Wettbewerb für das Seoul National University Gymnasium. Kimm ließ sich dabei sehr von Mies' Entwürfen zum Mannheimer Nationaltheater und der Convention Hall Chicago inspirieren. Beim Nationaltheater wird ein 80 × 160 m großer stützenfreier Raum von sieben gigantischen Trägern getragen. Es scheint, als hätte Mies in der Planungsphase des Wettbewerbs nicht erwartet, dass das Projekt auch realisiert würde, und ging deshalb sehr konzeptionell damit um. Sein Interesse lag daran, herauszufinden, ob ein einheitliches System für Raum, Tragwerk und Funktionen die Bedürfnisse eines Mehrzweck-Kunstzentrums erfüllen könnte. Das Mannheimer Projekt wies deshalb sehr unrealistische Aspekte auf. Einer der statischen Schwachpunkte war, dass die Seitenkräfte auf die Längsseite wirkten. Obwohl die Akustik für den Aufführungssaal von großer Bedeutung war, schien es auch unmöglich, die entsprechenden Vorkehrungen in Mies' Entwurf adäquat einzubinden. Kimm war sich dieses Problems von Mies' Entwurf sehr wohl bewusst, studierte das Mannheimer Nationaltheater aber dennoch eingehend, da er davon überzeugt war, dass Mies' universeller Raum für Sporthallen besser geeignet sein würde als für Theater.

Jong Soung Kimm veränderte das Tragwerksystem des Mannheimer Nationaltheaters für die SNU Sporthalle leicht. Das von ihm vorgeschlagene System war ein Raumfachwerk mit dem Dreieck als üblicher Grundfigur. Es war so ausgebildet, dass sechs Tragelemente in Abständen von 18 m das Gewicht des Dachs der 72 m langen Sporthalle trugen. Kimm erachtete dieses Tragwerksystem jedoch als noch immer instabil und brachte weitere Träger unterhalb der Raumfachwerke in Längsrichtung innerhalb des Raumes an. Er ging davon aus, dass diese die auf die Längsseite wirkenden Seitenkräfte effizienter auffangen könnten als die beim Mannheimer Nationaltheater eingesetzten. Dabei versuchte er wie Mies, die Tektonik des Raumfachwerks auch visuell einzusetzen. Aus diesem Grund platzierte er die Längsträger im Inneren des Baus, wohingegen er das Raumfachwerk nur außerhalb des Gebäudes sichtbar machte. Dadurch erhielt das Bauwerk insgesamt ein klares und stabiles Erscheinungsbild. Das Projekt zeigt beispielhaft, wie Kimm Mies' Architektur versteht. Ihm ging es stets darum, Mies' Konzepte im Grundsatz beizubehalten, gleichzeitig aber an besseren Lösungen für Probleme zu arbeiten, die in der Realität auftreten. Allerdings wurde dieser Entwurf von ihm auch nicht verwirklicht.

Stattdessen realisierte Jong Soung Kimm diese Idee beim Weightlifting Gymnasium der Olympischen Spiele von Seoul, das sich im Olympischen Park von Seoul befindet. Bei den ersten Entwürfen wollte der Architekt noch ein ähnliches Tragwerksystem wie beim SNU Gymnasium verwenden, doch fasste er, als er einfachere und klarere Konstruktionssysteme untersuchte, schließlich ein anderes ins Auge: eine Rahmenkonstruktion mit Doppelträgern. Es war offensichtlich, dass ihn das Projekt der Chicago Convention Hall von Mies dazu inspiriert hatte. In der Tat zeigt sich schon bei der Fassade, dass sein Entwurf sehr dem von Mies ähnelte. Diese Idee änderte sich jedoch komplett, als Kimm den inzwischen verstorbenen David Geiger traf, der häufiger nach Korea kam und in Fragen der Statik bei der Swoo-Geun Kims Gymnastics Hall für die Olympischen Spiele 1988 in Seoul beratend tätig war. Geiger empfahl das Takenaka-Raumfachwerk, das beim American Museum of National History in New York verwendet worden war. Die wirtschaftlichen Vorteile eines solchen Tragwerksystems liegen darin, dass es im Vergleich zu einer allgemeinen Rahmenkonstruktion weniger Rahmen pro Raumeinheit benötigt und gleichzeitig viel effizienter hergestellt werden kann. Darüber hinaus hat es räumlich betrachtet den Vorteil, dass „tiefere Gurte relativ spärlich angebracht werden müssen und ohne eine visuelle Beeinträchtigung zu verursachen und bei den oberen Gurten die Strukturelemente in der gleichen Richtung wie das Dach angebracht werden können".[33] Mit dem ursprünglich angedachten Rahmensystem hätten die unteren Gurte eine dicke Schicht gebildet, die einen freien Blick verhindert und den von Kimm beabsichtigten Raum zerstört hätten. Auf der Grundlage der konstruktiven Charakteristika brachte Kimm beim Weightlifting Gymnasium Oberlichter in der Mitte an, um Licht ins Innere zu lassen – im Einklang mit seinem damaligen Raumkonzept.

Licht war beim Weightlifting Gymnasium, wie bei Kimms anderen Bauten, sehr wichtig. Er fügte in den oberen Teil des Takenaka-Raumfachwerks Oberlichter ein, damit natürliches Licht einfließen konnte. Er verwendete auch lichtdurchlässige, isolierende Fiberglaspaneele für das Schrägdach, da er davon ausging, dass so das durch die Oberlichter eindringende Licht weiter verstärkt werden könnte und das gesamte Gebäude eine helle und lebendige Atmosphäre erhalten würde. Der Architekt wollte so viel Licht in das Gebäude einbringen, dass Training und Wettkämpfe ohne intensives elektrisches Licht stattfinden konnten. Von innen betrachtet, scheint die Decke in der Luft zu schweben. Dies ist ein Raumkonzept, dem man bei Mies' universalem Raum nicht begegnet.

Light and Structural System: The Weightlifting Gymnasium for the 1988 Seoul Olympics

In designing gymnasiums in Korea, Jong Soung Kimm explored the effect of light in column-free spaces. Natural light is made to enter inside buildings without being interrupted by partitions, thus creating space completely different from Mies' space. Kimm had chances to participate in the construction of the gymnasiums when Seoul was chosen to be the site for the 1988 Olympics. The first challenge regarding the Seoul Olympics was the design competition for the Seoul National University Gymnasium. While participating in the competition, Kimm was very much inspired by the Mannheim National Theater and the Chicago Convention Hall projects designed by Mies. In the Mannheim National Theater, a large 80 × 160 m column-free space is supported by seven gigantic trusses. Mies appears not to have expected at the competition planning stage that this project would be realized, and dealt with it very conceptually. His interest lay in whether a unified system where space, structure and functions are integrated could satisfy the functions of a multi-purpose performing art center. For this reason, the Mannheim project had very unrealistic aspects. Structurally, the proposal had weaknesses in terms of lateral force acting on the longer side and, although acoustic systems were very important in the performance hall, it appeared to be impossible for such functions to work in Mies's proposal. Kimm was well aware of this problem of Mies's proposal, yet he made an in-depth study of the Mannheim National Theater as he was confident that Mies's universal space was better suited to gymnasiums than theaters.

Jong Soung Kimm slightly modified the structural system of the Mannheim National Theater for the SNU gymnasium. The structural system proposed by him was a space-truss with its regular triangle section. According to the structural system, six trusses at an interval of 18 m were made to support the weight of the roof for the 72 m span gymnasium. However, Kimm viewed this structural system as still unstable and thus hung other trusses in the longer direction below the space-trusses, and inside the space. By doing so, he considered that, unlike the trusses used for the Mannheim National Theater, those trusses could support the lateral force acting on the longer side more efficiently. At the same time, like Mies, Kimm tried to utilize the tectonics of the space-trusses visually. This is why he placed the longitudinal trusses inside the building, while only exposing the space-trusses outside the building. Through this, the overall building was given a lucid and sturdy image. This project shows the way Kimm understands Mies's architecture. He took an attitude of maintaining Mies' basic concepts, while improving on solutions for problems encountered in reality. However, this proposal by Kimm did not materialize, either.

Instead, Jong Soung Kimm realized this idea in the Weightlifting Gymnasium for the 1988 Seoul Olympics located in the Seoul Olympic Park. While designing the building, the architect initially intended to employ the similar structural system used for the SNU Gymnasium. However, as the architect explored simpler and clearer structural systems, he envisaged another one: two-way trusses. It was evident that this was inspired by Mies's Chicago Convention Hall project. In fact, as the façade indicates, this building resembles much more Mies's proposal. However, this idea was completely changed when Kimm met the late David Geiger who frequently visited Korea to offer structural consultations for Swoo-Geun Kim's Gymnastics Hall for the 1988 Seoul Olympics. Geiger recommended the Takenake space-truss system, which had been used for the American Museum of Natural History in New York. The economic advantages of such a structural system are that it consumes less structural frame per unit space compared to general space frame, and at the same time its structural system can be produced very efficiently. Moreover, spatially, it has the advantage that "lower chords can be located relatively sparsely without visual impediment, and for the upper chords, structural members can be placed in the same direction as the roof."[33] If the two-way trusses had been used as intended initially, the lower chords would have formed a thick layer, inhibiting visual openness, and thereby failing to create the space Kimm had intended. Due to such structural characteristics, Kimm installed skylights in the middle of the Weightlifting Gymnasium to draw light to the interior and this was in agreement with the spatial concept that absorbed Kimm at the time.

Like other Kimm buildings, light was very important for this Weightlifting Gymnasium. Kimm installed skylights in the upper part of the Takenaka trusses to allow the entry of natural light. He also used translucent, insulating fiberglass panels for the sloped roof, as he considered that it could improve the light entering through the skylights and at the same time imbue the entire building with a bright and vibrant atmosphere. The architect intended to bring in light to such an extent that practices and rehearsals could be performed without electric lighting at high intensity. Thus, when the ceiling is viewed from the inside, the ceiling appears to float in the air. This is a spatial concept which cannot be found in Mies's universal space.

Weightlifting Gymnasium for the 1988 Seoul Olympics
Weightlifting Gymnasium für die Olympischen Spiele in Seoul 1988

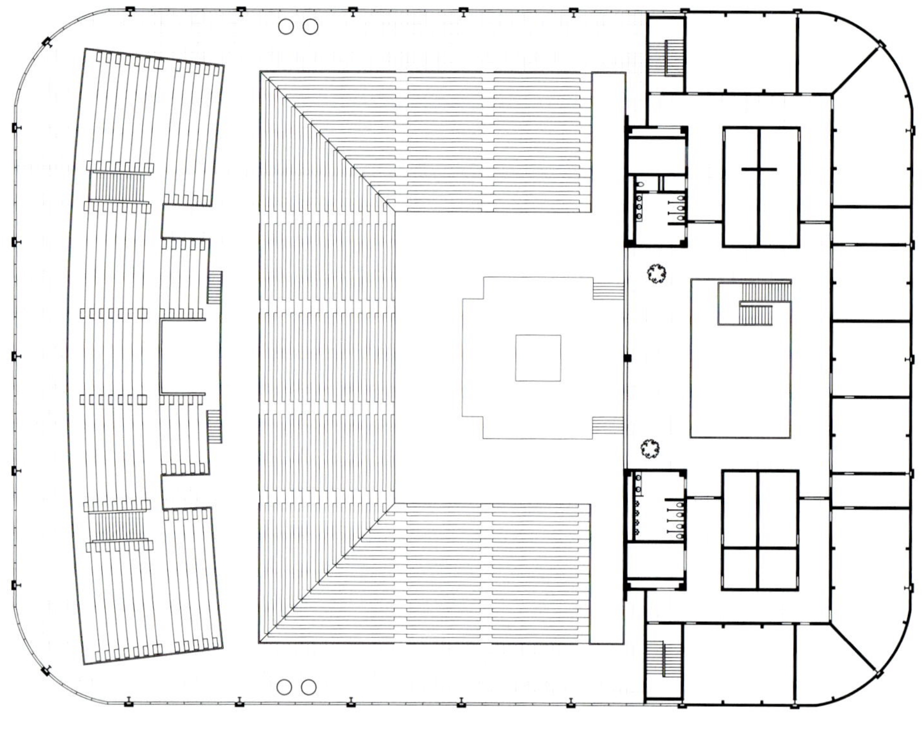

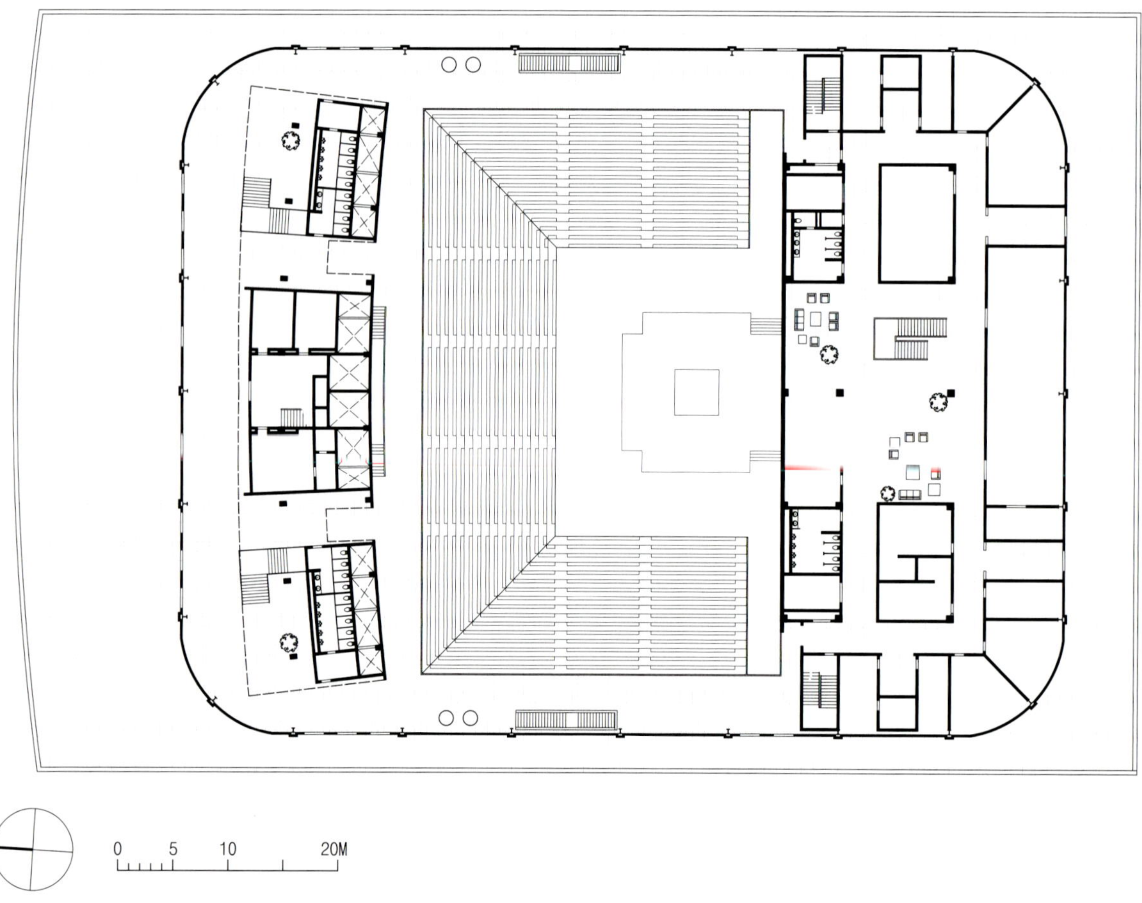

First and second floor plans
Grundrisse des ersten und zweiten Stockwerks

Longitudinal section | Längsschnitt
Interior view of main arena
Innenansicht der Hauptarena

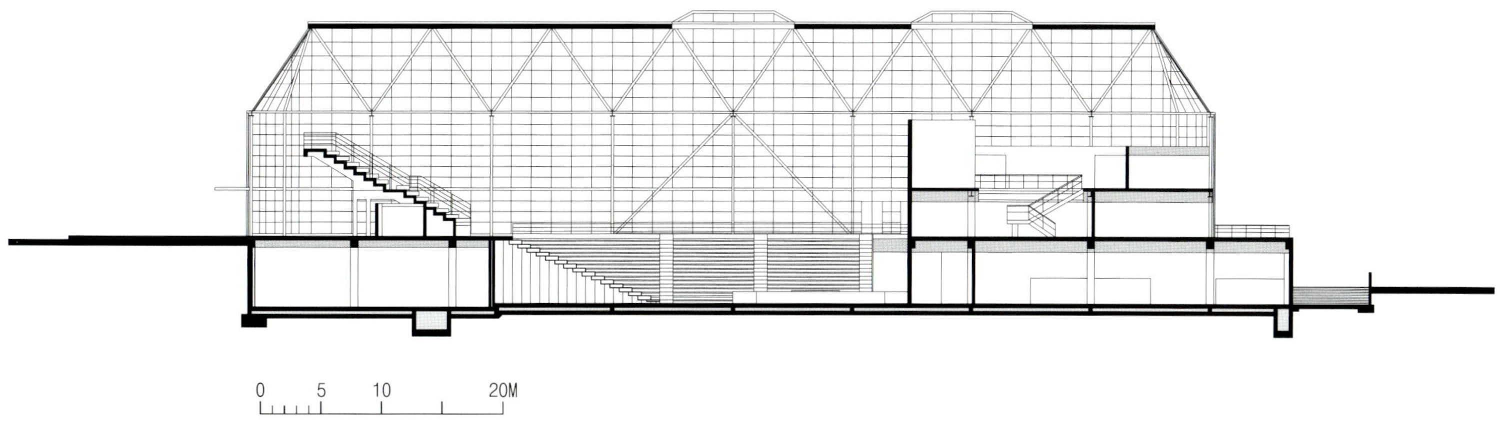
0 5 10 20M

Epilog:
Wie lässt sich die Architektur von Jong Soung Kimm verstehen

Nachdem Jong Soung Kimm 1978 nach Seoul zurückgekehrt war, beteiligte er sich aktiv am architektonischen Diskurs, der sich damals in Korea entfaltete. Sein architektonisches Schaffen erreichte seinen Zenit Mitte der 1980er Jahre, die Devisenkrise der späten 1990er Jahren beraubte ihn jedoch dann weiterer Gelegenheiten, sein Raumkonzept fortzuentwickeln. Die in diesem Buch behandelten Bauten von Jong Soung Kimm entstanden auf dem Höhepunkt seiner Karriere. Es sind seit ihrer Entstehung teilweise Jahrzehnte vergangen, doch verfügen sie noch immer über einen fortdauernden Wert, was uns über das Wesen von Architektur nachdenken lässt. Wie kann also der Wert von Kimms Architektur erfasst werden?

Jong Soung Kimm ist ein ungewöhnlicher Architekt, der beim Entwerfen verschiedenartiger Bauwerke sich durchgängig treu geblieben ist. Technik und Raum waren das beständige Fundament bei dem für ihn lebenslangen Prozess der Erforschung der Architektur. Man kann ohne Übertreibung behaupten, dass seine Welt der Architektur von diesen beiden Konzepten beherrscht worden ist, die dadurch in krassem Gegensatz zu jener anderer koreanischer Architekten stand, die ihre besondere Aufmerksamkeit auf die regionalen Charakteristika koreanischer Architektur richteten. Kimm hob die Moderne Architektur Koreas auf eine neue Ebene. Besonders in den 1980er Jahren, als die Technik als architektonisches Konzept bei der Architekturgemeinde Koreas in den Vordergrund rückte, waren es seine Meisterwerke wie das Seoul Hilton Hotel, die Korea Military Academy Library, das Seoul National University Museum, das Artsonje Museum in Kyongju und das SK Corporation Headquarters Office Building, die als die Bauwerke eines neuen Zeitgeistes erachtet wurden. Seine Vorstellung, dass sich ein Architekt erst mit den Raumvorstellungen beschäftigen sollte, nachdem er ein Entwurfskonzept, das auf die tektonische Logik abgestimmt ist, erstellt hat, löste bei koreanischen Architekten ein weitreichendes Echo aus. So verhilft uns ein genaueres Verständnis seiner kreativen Leistungen auch zu einem umfassenderen Blick auf einen wesentlichen Aspekt der Modernen Architektur Koreas nach den 1980er Jahren.

Zurzeit wird Kimms Architektur jedoch wie auch die anderer zeitgenössischer koreanischer Architekten in der internationalen Welt der Architektur nicht so gewürdigt, wie es ihr eigentlich zukommen würde. Dies hat unterschiedliche Gründe, vor allem aber liegt es wohl daran, dass die meisten seiner bedeutenderen Bauwerke in Korea gebaut wurden. Und Korea war nun einmal bis zur Mitte der 1990er Jahre, als die Globalisierungswelle das Land traf, wie eine Insel, die sich von der Welt abschirmte. Davor schenkten westliche Architekten und Wissenschaftler der Entwicklung der modernen koreanischen Architektur kaum Beachtung. Dementsprechend ergab sich auch für Kimms Architektur keine Gelegenheit, auf einer wissenschaftlichen Basis bewertet zu werden – trotz der wahrhaft hohen Qualität, die sie auszeichnet. Hinzu kommt, dass, als die Architekten der Postmoderne nach den 1970er Jahren – wenn auch nur für kurze Zeit – eine dominante Rolle einnahmen, jene, welche an den Idealen der Moderne festhielten, auf internationalem Parkett in die zweite Reihe verbannt wurden. Ihre Arbeiten wurden von den Architekturkritikern nicht beachtet. Kimms Architektur ist ein solcher Fall. Dieses Buch versucht nun, sein Werk zum ersten Mal auch einem internationalen Publikum nahezubringen und seinen Beitrag zur Modernen Architektur bekannt zu machen.

Epilogue:
A new Understanding of Jong Soung Kimm's Architecture

After his return to Seoul in 1978, Jong Soung Kimm took an active part in unfolding architectural discourse in Korea. His architectural activities have attained their summit in the mid-1980s, but the foreign currency crisis of the late 1990s temporarily deprived him of new opportunities in developing his concept of space further. The architectural works of Jong Soung Kimm discussed in this book were designed at the height of his career. A couple of decades have passed since some of the buildings were constructed, but they still possess a durable value, which compels us to speculate over the ontology of architecture. Then how can the value of Kimm's architecture be understood?

Jong Soung Kimm is an uncommon architect who maintained a thorough consistency in designing various buildings. Technology and space served as the sturdiest pillars for Kimm's lifelong exploration of architecture. It is no exaggeration to say that his architectural world has been dominated by these two concepts. In this respect, his architecture stood out in sharp contrast with other Korean architects who focused their attention on the regional characteristics of Korean architecture, and elevated Korean Modern Architecture to a new level. Particularly, in the 1980s when the concept of technology was brought up as the main issue in the forefront of the Korean architectural community, his masterpieces such as the Seoul Hilton Hotel, the Korea Military Academy Library, the Seoul National University Museum, the Artsonje Museum in Kyongju, and the SK Corporation Headquarters Office Building were considered as buildings representing a new *Zeitgeist*. His idea that an architect must explore the spatial imagination only after establishing a design concept in tune with tectonic logic, evoked a far-reaching reverberation among Korean architects. Thus an accurate understanding of the output of his creative efforts will enable us to obtain a comprehensive view over an essential aspect of Korean Modern Architecture after the 1980s.

At the present time, however, Jong Soung Kimm's architecture as well as works of other contemporary Korean architects is not well represented in the international architecture community. Several reasons seem to be at work for such under-representation. Above all, most of his major works were constructed in Korea. In fact, Korean society was like an isolated island until the mid-1990s, a time when a tremendous wave of globalization hit the country. Until then, Western architects and scholars rarely paid attention to the development of Korean Modern Architecture. Accordingly, Kimm's architecture has not been afforded an opportunity for a scholarly evaluation in spite of the genuinely high quality which it possesses. In addition, as Postmodern architects staked out a dominant position after the 1970s, albeit for a brief moment, architects upholding the ideal of Modern Architecture were relegated to the shadows of the main stage of international architecture. Their works did not draw architectural critics' attention. Kimm's architecture is such a case. This book attempts to bring his architecture to the international audience for the first time, and put a spotlight on Kimm's contribution to Modern Architecture

Anmerkungen

1 Jong Soung Kimm, „Scientific Spirit and Technology as the Zeitgeist", in: *Architecture and Environment*, Januar 1990.
2 Stanford Anderson, *Peter Behrens and a New Architecture for the Twentieth Century*. Cambridge: MIT Press, 2000, S. 111.
3 Ebd.
4 Mies van der Rohe, „Baukunst und Zeitwille", in: *Der Querschnitt*, 4, Nr. 1, 1924; wiederabgedruckt in: Fritz Neumeyer, *Das kunstlose Wort. Gedanken zur Baukunst*, Berlin: Siedler, 1986; engl. Ausgabe: *Artless Word*, ins Englische übersetzt von Mark Zarzombek. Cambridge: MIT Press, 1991.
5 Mies van der Rohe, „Bürogebäude", in: *G*, Nr. 1, Juli 1923, S. 3; wiederabgedruckt in: Fritz Neumeyer (s. o. Anm. 4), S. 241.
6 Mies van der Rohe, „Baukunst und Zeitwille", in: *Der Querschnitt*, 4, Nr. 1, 1924, S. 31 f.; wiederabgedruckt in: Fritz Neumeyer (s. o. Anm. 4), S. 245.
7 Franz Schulze, „Mies in America", in: Mies van der Rohe, *Critical Essays*, hrsg. von Franz Schulze. New York: The Museum of Modern Art, 1989, S. 174.
8 Ebd.
9 Robert Venturi, Denise Scotte Brown und Steven Izenour, *Learning From Las Vegas. The Forgotten Symbolism of Architectural Form*, überarb. Ausgabe. Cambridge: MIT Press, 1977, S. 114.
10 Charles A. Jencks, *The Language of Post-Modern Architecture*, 4., überarb. und erw. Ausgabe. London: Academy Editions, 1984, S. 15.
11 Jong Soung Kimm, „A Critical Acceptance of Post-Modernism and a Role for Architects", in: *Space*, Mai 1989.
12 Jong Soung Kimm, „Modern Architecture: Its Development and Prospects", in: *Space*, Februar 1984.
13 Mitchell Schwarzer, *German Architectural Theory and the Search for Modern Identity*. Cambridge: Cambridge University Press, 1995, S. 167.
14 Georg Wilhelm Friedrich Hegel, *Grundlinien der Philosophie des Rechts*, engl. Ausg. Oxford 1952, S. 286, zitiert aus: Jürgen Habermas, *Der philosophische Diskurs der Moderne. Zwölf Vorlesungen*. Frankfurt a. M.: suhrkamp taschenbuch, 1988; engl. Ausgabe: *The Philosophical Discourse of Modernity*, ins Englische übersetzt von Frederick Laurence. Cambridge: MIT Press, 1990, S. 16.
15 Mitchell Schwarzer (s. Anm. 13), S. 172.
16 Akos Moravanszky, „The Language of Materials in Architecture: ‚Truth to material' vs ‚the Principle of Cladding'", in: *AA Files*, Nr. 31, 1996, S. 40.
17 Karl Bötticher, *Die Tektonik des Hellenen*, 1852, S. 34; wiederabgedruckt in: Wolfgang Herrmann, *Gottfried Semper: In Search of Architecture*. Cambridge, MIT Press, 1984.
18 Mies van der Rohe, „Architecture and Technology", in: *Arts and Architecture*, 67, Nr. 10, 1950; wiederabgedruckt in: Fritz Neumeyer (s. o. Anm. 4).
19 „Jong Soung Kimm and the Evolution of Modernism", in: *Space*, Juni 1985.
20 Interview mit Jong Soung Kimm.
21 George A. Larson und Jay Pridmore, *Chicago Architecture and Design*. New York: Harry N. Abrams, 1993, S. 175.
22 Zum detaillierten Verständnis der Arbeiten von Mies' Schülern in Chicago siehe: The Chicago Architects Oral History Project des Art Institute of Chicago.
23 Jong Soung Kimm wählte die Exhibition Hall als Thema seiner Masterarbeit aus. Sie besteht aus einem kurzen Aufsatz über den Gebäudetyp gemäß seiner Idee sowie aus Zeichnungen.
24 Richard Rogers, *A+U*, Dezember 1988, S. 20.
25 Siehe: Reyner Banham, *Theory and Design in the First Machine Age*. Cambridge: MIT Press, 1980.
26 Jong Soung Kimm, „Scientific Spirit and Technology as the Zeitgeist", in: *Architecture and Environment*, Januar 1990.
27 Bruno Zevi, *Poetica dell'architettura neoplastica*. Mailand: Libreria Editrice Politecnica Tamburini, 1953; zitiert nach: Richard Padovan, *Towards Universality. Le Corbusier, Mies and De Stijl*. London: Routledge, 2002, S. 48.
28 Paolo Amaldi, *Espace et densité – Mies van der Rohe: mur, colonne, interferences*. Gollion: Infolio Editions, 2006, S. 119.
29 Louis Kahn, „Conception and Meaning", in: *Architecture and Urbanism*, November 1983, S. 24.
30 Hisao Koyama, „Louis Kahn and His Times", in: *Architecture and Urbanism*, November 1983, S. 21.
31 Louis Kahn, *Essential Texts*, hrsg. von Robert Twombly. New York: W. W. Norton & Company, 2003, S. 252.
32 Paul Heyer, *American Architecture. Ideas and Ideologies in the Late Twentieth Century*, New York: Van Nostrand Reinhold, 1993, S. 30.
33 Jong Soung Kimm, „The Presentation at the Meeting of Mokguhoi", in: *Architecture and Environment*, Mai 1989.

Notes

1 Jong Soung Kimm, "Scientific Spirit and Technology as the Zeitgeist," in: *Architecture and Environment*, January 1990.
2 Stanford Anderson, *Peter Behrens and a New Architecture for the Twentieth Century* (Cambridge: MIT Press, 2000) p. 111.
3 Ibid.
4 Mies van der Rohe, "Baukunst und Zeitwille," in: *Der Querschnitt*, 4, no. 1, 1924; reprinted in: Fritz Neumeyer, *Artless Word*, translated by Mark Zarzombek (Cambridge: MIT Press, 1991).
5 Mies van der Rohe, "Office Building," in: *G*, no. 1, July 1923, p. 3; reprinted in: Fritz Neumeyer, op. cit., p. 241.
6 Mies van der Rohe, "Baukunst und Zeitwille," in: *Der Querschnitt*, 4, no. 1 (1924) pp. 31–32; reprinted in: Fritz Neumeyer, op. cit., p. 245.
7 Franz Schulze, "Mies in America," in: Mies van der Rohe, *Critical Essays*, edited by Franz Schulze (New York: The Museum of Modern Art, 1989) p. 174.
8 Ibid.
9 Robert Venturi, Denise Scotte Brown & Steven Izenour, *Learning From Las Vegas: The Forgotten Symbolism of Architectural Form*, revised edition (Cambridge: MIT Press, 1977) p. 114.
10 Charles A. Jencks, *The Language of Post-Modern Architecture*, fourth revised and enlarged edition (London: Academy Editions, 1984) p. 15.
11 Jong Soung Kimm, "A Critical Acceptance of Post-Modernism and a Role for Architects," in: *Space*, May 1989.
12 Jong Soung Kimm, "Modern Architecture: Its Development and Prospects," in: *Space*, February 1984.
13 Mitchell Schwarzer, *German Architectural Theory and the Search for Modern Identity* (Cambridge: Cambridge University Press, 1995) p. 167.
14 *Hegel's Philosophy of Right* (Oxford, 1952) p. 286, quoted from: Jürgen Habermas, *The Philosophical Discourse of Modernity*, translated by Frederick Laurence (Cambridge: MIT Press, 1990) p. 16.
15 Mitchell Schwarzer, op. cit., p. 172.
16 Akos Moravanszky, "The Language of Materials in Architecture: 'Truth to material' vs 'the Principle of Cladding'," in: *AA Files*, no. 31, 1996, p. 40.
17 Karl Bötticher, *Die Tektonik des Hellenen*, 1852, p. 34; reprinted in: Wolfgang Herrmann, *Gottfried Semper: In Search of Architecture* (Cambridge: MIT Press, 1984).
18 Mies van der Rohe, "Architecture and Technology," in: *Arts and Architecture*, 67, no. 10, 1950; reprinted in: Fritz Neumeyer, op. cit.
19 "Jong Soung Kimm and the Evolution of Modernism," in: *Space*, June 1985.
20 Interview with Jong Soung Kimm.
21 George A. Larson & Jay Pridmore, *Chicago Architecture and Design* (New York: Harry N. Abrams, 1993) p. 175.
22 For detailed understanding of the activities of Mies's followers in Chicago, see: The Chicago Architects Oral History Project by the Art Institute of Chicago.
23 Jong Soung Kimm chose the Exhibition Hall as theme of his master's degree dissertation. It consists of a short essay on his idea of the building type, and drawings.
24 Richard Rogers, *A+U*, December 1988, p. 20.
25 See: Reyner Banham, *Theory and Design in the First Machine Age* (Cambridge: MIT Press, 1980).
26 Jong Soung Kimm, "Scientific Spirit and Technology as the Zeitgeist," in: *Architecture and Environment*, January 1990.
27 Bruno Zevi, *Poetica dell'architettura neoplastica* (Milan: Libreria Editrice Politecnica Tamburini, 1953): quoted from: Richard Padovan, *Towards Universality: Le Corbusier, Mies and De Stijl* (London: Routledge, 2002) p. 48.
28 Paolo Amaldi, *Espace et densité – Mies van der Rohe: mur, colonne, interférences* (Gollion: Infolio Editions, 2006) p. 119.
29 Louis Kahn, "Conception and Meaning," in: *Architecture and Urbanism*, November 1983, p. 24.
30 Hisao Koyama, "Louis Kahn and His Times," in: *Architecture and Urbanism*, November 1983, p. 21.
31 Louis Kahn, *Essential Texts*, edited by Robert Twombly (New York: W. W. Norton & Company, 2003) p. 252.
32 Paul Heyer, *American Architecture: Ideas and Ideologies in the Late Twentieth Century* (New York: Van Nostrand Reinhold, 1993) p. 30.
33 Jong Soung Kimm, "The Presentation at the Meeting of Mokguhoi," in: *Architecture and Environment*, May 1989.

Werkverzeichnis | List of Works

Korea Military Academy Library
Seoul, Korea
Client | Bauherr: Korea Military Academy
B1/2 Floors | Geschosse 5 300 m² 1980–82
Korean Institute of Architects Honor Awards 1983

Seoul Hilton International
Seoul, Korea
Client | Bauherr: Dongwoo Development Co., Ltd.
B2/23 Floors | Geschosse 82 331 m² 1977–83
Grand Prize in Architectural Awards, City of Seoul 1986

Daewoo Securities Company, Ltd. Head Office Building
Seoul, Korea
Client | Bauherr: Daewoo Securities Company, Ltd.
B3/17 Floors | Geschosse 38 677 m² 1981–84

Daewoo Foundation Building
Seoul, Korea
Client | Bauherr: Daewoo Foundation
B2/18 Floors | Geschosse 27 116 m² 1982–84

Mokdong New Town Plan
Seoul, Korea
Organizer | Organisator: Seoul Metropolitan Government
5 773 060 m² 1984
Winner of the Town Plan Competition

Insadong District Urban Design Project
Seoul, Korea
Client | Bauherr: Seoul Metropolitan Government
15 000 m² 1985

Weightlifting Gymnasium for 1988 Seoul Olympics
Seoul, Korea
Client | Bauherr: Seoul Olympic Organizing Committee
B1/3 Floors | Geschosse 10 588 m² 1984–86
Gold Prize, IAKS (International Association for Sports and Leisure Facilities) 1989

Mokdong New Town Apartments, Sector 1
Seoul, Korea
Client | Bauherr: Seoul Metropolitan Government
15 (2 059 Units | Einheiten) 218 135 m²
1984–86

Dongyang Investment and Finance Company, Ltd. Building
Seoul, Korea
Client | Bauherr: Dongyang Investment and Finance Co.
B4/16 Floors | Geschosse 27 507 m² 1982–87
Silver Prize in Architectural Awards, City of Seoul 1988

Ajou University Master Plan
Suwon, Korea
Client | Bauherr: Ajou University
446 635 m² 1987

Daewoo Executive Training Center
Yongin, Korea
Client | Bauherr: Daewoo Corporation
B1/3 Floors | Geschosse 12 918 m² 1982–87

Paradise Beach Hotel
Pusan, Korea
Client | Bauherr: Paradise Development Co., Ltd.
B2/15 Floors | Geschosse 37 779 m² 1982–88

Yangjung High School
Seoul, Korea
Client | Bauherr: Yangjung High School
B1/6 Floors | Geschosse 20 150 m² 1985–88
Award of Merit in Architectural Awards, City of Seoul 1989

Korea Institute of Social Studies
Sungnam, Korea
Client | Bauherr: Korea Institute of Social Studies
B1/4 Floors | Geschosse 5 312 m² 1986–88

Mokdong New Town Public Library
Seoul, Korea
Client | Bauherr: Seoul Metropolitan Government
B1/5 Floors | Geschosse 6 507 m² 1988–89

Marina Daewoo Apartments, Sector 1–2
Pusan, Korea
Client | Bauherr: Pusan Municipal Government
B1/15 (2 830 Units | Einheiten) 178 399 m²
1988–89

Daewoo Electronics Corporation Office Building
Seoul, Korea
Client | Bauherr: Daewoo Electronics Corporation
B4/16 Floors | Geschosse 15 220 m² 1988–90

Ajou University Main Building
Suwon, Korea
Client | Bauherr: Ajou University
B1/5 Floors | Geschosse 13 120 m² 1987–90

Kyongju Hilton Hotel
Kyongju, Korea
Client | **Bauherr**: Dongwoo Development Co., Ltd.
B1/8 Floors | **Geschosse** 36 153 m² 1987–91
Korean Institute of Architects Honor Awards 1992

Sonje Museum of Contemporary Art
Kyongju, Korea
Client | **Bauherr**: Dongwoo Development Co., Ltd.
B1/2 Floors | **Geschosse** 5 836 m² 1987–91
Korean Institute of Architects Honor Awards 1992

Samho Office and Residence-Hotel
Seoul, Korea
Client | **Bauherr**: Samho Industry, Ltd.
B6/20 Floors | **Geschosse** 59 745 m² 1989–91

Seoul National University Institute of Advanced Machine Design
Seoul, Korea
Client | **Bauherr**: Seoul National University
B1/4 Floors | **Geschosse** 3 430 m² 1989–91

Ajou University Engineering II Building
Suwon, Korea
Client | **Bauherr**: Ajou University
B1/10 Floors | **Geschosse** 15 683 m² 1991–92

Hyosung Corporation Head Office Building
Seoul, Korea
Client | **Bauherr**: Hyosung Corporation
B5/16 Floors | **Geschosse** 28 314 m² 1988–93

Taehan Textile Company, Ltd. Head Office Building
Seoul, Korea
Client | Bauherr: Taehan Textile Company, Ltd.
B4/14 Floors | Geschosse 14 622 m² 1990–93

Isu Chemical Company, Ltd. Head Office Building
Seoul, Korea
Client | Bauherr: Isu Chemical Company, Ltd.
B4/8 Floors | Geschosse 12 184 m² 1989–93

Daewoo Securities Company, Ltd. Jeonju Building
Jeonju, Korea
Client | Bauherr: Daewoo Securities Company, Ltd.
B5/17 Floors | Geschosse 48 275 m² 1988–94

Seoul National University Museum
Seoul, Korea
Client | Bauherr: Seoul National University
B1/2 Floors | Geschosse 6 165 m² 1984–94
Awards of Merit in Architectural Awards, City of Seoul 1994
Award of Merit in Architectural Awards, Korea Institute of Registered Architects 1994

Ajou University Hospital
(840 beds | Betten)
Suwon, Korea
Client | Bauherr: Ajou University
B3/14 Floors | Geschosse 75 512 m² 1989–94
Grand Prize in Architectural Awards, Korea Institute of Registered Architects 1994

Ajou University Energy Systems Research and Computer Center
Suwon, Korea
Client | Bauherr: Ajou University
B1/5 Floors | Geschosse 5 115 m² 1992–94
Award of Merit in Architectural Awards, Korea Institute of Registered Architects 1999

Institute for Advanced Engineering Main Building
Yongin, Korea
Client | **Bauherr**: Institute for Advanced Engineering
B4/10 Floors | **Geschosse** 44 763 m² 1992–96

SK Corp. Ulsan Complex Main Building
Ulsan, Korea
Client | **Bauherr**: SK Corporation
B1/7 Floors | **Geschosse** 16 001 m² 1993–97

Youngnam University Mechanical Engineering Building
Taegu, Korea
Client | **Bauherr**: Youngnam University
B1/5 Floors | **Geschosse** 13 888 m² 1995–98

Seoul Museum of History
Seoul, Korea
Client | **Bauherr**: Seoul Metropolitan Government
B1/3 Floors | **Geschosse** 20 166 m² 1987–98

Art Sonje Center
Seoul, Korea
Client | **Bauherr**: Daewoo Foundation.
B3/3 Floors | **Geschosse** 4 806 m² 1994–98
Award of Merit in Architectural Awards, Korea Institute of Registered Architects 1998
Korean Institute of Architects Honor Awards 1999

SK Corporation Headquarters Office Building
Seoul, Korea
Client | **Bauherr**: SK Corporation
B7/36 Floors | **Geschosse** 83 801 m² 1986–99
Korean Institute of Architects Honor Awards 2000
Grand Prize in Architectural Awards, Korea Society of Steel Construction 2000

A One Country Club Clubhouse
Yangsan, Korea
Client | Bauherr: Hankyo Tourism and Leisure Co., Ltd.
B1/3 Floors | Geschosse 7 751 m² 1996–99
Grand Prize in Architectural Awards, Ministry of Construction and Transportation 1999
Grand Prize in Architectural Awards, Kyoungsangnam-do 1999

Ulsan City Park Water Park and Swimming Pool Building
Ulsan, Korea
Client | Bauherr: Ulsan Municipal Government
1 Floor | Geschoss 8 504 m² 1997–2000

Gymnasium for 2002 Asian Games
Pusan, Korea
Client | Bauherr: Pusan Municipal Government
B1/3 Floors | Geschosse 21 370 m² 1996–2002

Jeonnam University Hwasoon Hospital
(500 beds | Betten)
Hwasoon, Korea
Client | Bauherr: Jeonnam University
B2/7 Floors | Geschosse 61 193 m² 1995–2004

Duksung Women's University Melissa Cha Memorial Hall
Seoul, Korea
Client | Bauherr: Duksung Women's University
B1/4 Floors | Geschosse 14 250 m² 2000–04

Daewoo Shipbuilding and Marine Eng. Co., Ltd. Engineering Center
Okpo, Korea
Client | Bauherr: DSME Co., Ltd.
B1/9 Floors | Geschosse 28 598 m² 2001–04

Bibliographie

Aufsätze, Artikel and Interviews von Jong Soung Kimm

„Tradition in Architecture: Viewpoint USA", in: *Space*, Mai 1975
„Modern Architecture and the Education of Architects", in: *Space*, August 1976
„Architect Jong Soung Kimm", in: *Space*, Oktober 1976
„Modern Architecture: Its Development and Prospects", in: *Space*, Februar 1984
„Jong Soung Kimm and the Evolution of Modernism", in: *Space*, Juni 1985
„Modern Architecture in Korea and Design Tendencies", in: *Space*, November 1985
„Tribute to the Late Swoo-Geun Kim – the Creator of a New Architectural Language", in: *Space*, September/Oktober 1986
„Tribute to the Late Jung-Up Kim – an Artist who Sculpted Architecture", in: *Space*, Juni 1988
„Classicism and Rationalism in Architecture", in: *Architecture and Environment*, Juli 1988
„Accommodating Classicism in Korea – Understanding Mies van der Rohe", in: *Architecture and Environment*, Juli 1988
„The Planning of Athletic Facilities for the 1988 Seoul Olympics – Presentation at the UIA Seminar in Seoul", in: *Architecture and Environment, Dezember* 1988
„Korean Architecture in the 1980's and the Task for the 1990's", in: *Architecture and Environment*, Januar 1989
„Architect Jong Soung Kimm and His Architectural Output – 4th Public Forum for the Meeting of Mokguhoi", in: *Space*, April 1989; in: *Architecture and Environment*, Mai 1989
„A Critical Acceptance of Post-Modernism and a Role for Architects", in: *Space*, Mai 1989
„Scientific Spirit and Technology as the Zeitgeist – Six Projects by Architect Jong Soung Kimm", in: *Architecture and Environment,* Januar 1990
„My Thoughts on the Design of Office Buildings", in: *Architecture and Environment*, April 1990
„The Role of a National Museum in the 21st Century", in: *Architecture and Environment*, Dezember 1993
„A Proposal for the Building of the New National Museum", in: *Architecture and Environment*, Dezember 1993
„A Proposal for the Establishment of the National School of Architecture – Presentation at a Symposium of the Alliance for the Future of Architecture", in: *Architecture and Environment,* März 1994

Bauten und Projekte von Jong Soung Kimm in Architekturzeitschriften

„The Work of Architect Jong Soung Kimm", in: *Space*, Sonderausgabe, August 1976
The Weightlifting Gymnasium for the 1988 Seoul Olympics, in: *Architectural Culture*, Juli 1985 & Juli 1986; in: *Space*, Juli 1986; in: *Ggumim*, August 1986
Seoul Hilton Hotel, in: *Space*, Juni 1985; in: *Journal of the Korean Institute of Registered Architects*, März 1986; in: *Ggumim*, Dezember 1986
Korea Military Academy Library, in: *Journal of the Korean Institute of Registered Architects,* März 1986; in: *Space*, November 1987
Seoul National University Museum, in: *Architectural Culture*, Mai 1988; in: *Plus*, November 1993; in: *Architectural Culture*, November 1993, in: *Architecture and Environment*, Dezember 1993
Paradise Beach Hotel, Pusan, in: *Architecture and Environment*, July 1988; in: *Plus*, August 1988
Pompidou Center – Competition Entry (1971); State Administration Office for the Republic of Sudan, Khartoum (1980); Korea Development Bank – Competition Entry (1982); International Broadcasting Center – Competition Entry (1985), in: *Architecture and Environment*, Januar 1990
Mokdong Public Library, in: *Architecture and Environment*, Oktober 1990
Ajou University Energy Systems Research and Computer Center, in: *Plus*, September 1991
Kyongju Hilton Hotel and Sonje Museum of Contemporary Art, in: *Architecture and Environment*, September 1991; in: *Plus*, September 1991
Seoul National University Institute of Machine Design, in: *Plus*, Dezember 1992
Taehan Textile Company Ltd. Head Office Building, in: *Architecture and Environment,* April 1994
Hyosung Corporation Head Office Building, in: *Architecture and Environment,* April 1994
Daewoo Executive Training Center, in: *Architecture and Environment*, August 1994
Ajou University Hospital, in: *Architecture and Environment*, November 1994; in: *Plus*, November 1994; in: *Architectural Culture*, Dezember 1994
New National Museum – Competition Entry, in: *Plus*, Dezember 1995
Artsonje Center, in: *Space*, August 1998; in: *Plus*, September 1998
Institute for Advanced Engineering, Yongin, in: *CA Contemporary Architecture*, November 1998
„A One Country Club Clubhouse", in: *Architecture and Environment*, Februar 2000
SK Corporation Headquarters Office Building, in: *Architectural Culture*, März 2003

Bibliography

Essays, Articles and Interviews by Jong Soung Kimm

"Tradition in Architecture: Viewpoint USA," in: *Space*, May 1975
"Modern Architecture and the Education of Architects," in: *Space*, August 1976
"Architect Jong Soung Kimm," in: *Space*, October 1976
"Modern Architecture: Its Development and Prospects," in: *Space*, February 1984
"Jong Soung Kimm and the Evolution of Modernism," in: *Space*, June 1985
"Modern Architecture in Korea and Design Tendencies," in: *Space*, November 1985
"Tribute to the Late Swoo-Geun Kim – the Creator of a New Architectural Language," in: *Space*, September/October 1986
"Tribute to the Late Jung-Up Kim – an Artist who Sculpted Architecture," in: *Space*, June 1988
"Classicism and Rationalism in Architecture," in: *Architecture and Environment*, July 1988
"Accommodating Classicism in Korea – Understanding Mies van der Rohe," in: *Architecture and Environment*, July 1988
"The Planning of Athletic Facilities for the 1988 Seoul Olympics – Presentation at the UIA Seminar in Seoul," in: *Architecture and Environment*, December 1988
"Korean Architecture in the 1980's and the Task for the 1990's," in: *Architecture and Environment*, January 1989
"Architect Jong Soung Kimm and His Architectural Output – 4th Public Forum for the Meeting of Mokguhoi," in: *Space*, April 1989; in: *Architecture and Environment*, May 1989
"A Critical Acceptance of Post-Modernism and a Role for Architects," in: *Space*, May 1989
"Scientific Spirit and Technology as the Zeitgeist – Six Projects by Architect Jong Soung Kimm," in: *Architecture and Environment*, January 1990
"My Thoughts on the Design of Office Buildings," in: *Architecture and Environment*, April 1990
"The Role of a National Museum in the 21st Century," in: *Architecture and Environment*, December 1993
"A Proposal for the Building of the New National Museum," in: *Architecture and Environment*, December 1993
"A Proposal for the Establishment of the National School of Architecture – Presentation at a Symposium of the Alliance for the Future of Architecture," in: *Architecture and Environment*, March 1994

Buildings and Projects by Jong Soung Kimm in Architecture Journals

"The Work of Architect Jong Soung Kimm," in: *Space*, Special Issue, August 1976
The Weightlifting Gymnasium for the 1988 Seoul Olympics, in: *Architectural Culture*, July 1985 & July 1986; in: *Space*, July 1986; in: *Ggumim*, August 1986
Seoul Hilton Hotel, in: *Space*, June 1985; in: *Journal of the Korean Institute of Registered Architects*, March 1986; in: *Ggumim*, December 1986
Korea Military Academy Library, in: *Journal of the Korean Institute of Registered Architects*, March 1986; in: *Space*, November 1987
Seoul National University Museum, in: *Architectural Culture*, May 1988; in: *Plus*, November 1993; in: *Architectural Culture*, November 1993; in: *Architecture and Environment*, December 1993
Paradise Beach Hotel, Pusan, in: *Architecture and Environment*, July 1988; in: *Plus*, August 1988
Pompidou Center – Competition Entry (1971); State Administration Office for the Republic of Sudan, Khartoum (1980); Korea Development Bank – Competition Entry (1982); International Broadcasting Center – Competition Entry (1985), in: *Architecture and Environment*, January 1990
Mokdong Public Library, in: *Architecture and Environment*, October 1990
Ajou University Energy Systems Research and Computer Center, in: *Plus*, September 1991
Kyongju Hilton Hotel and Sonje Museum of Contemporary Art, in: *Architecture and Environment*, September 1991; in: *Plus*, September 1991
Seoul National University Institute of Machine Design, in: *Plus*, December 1992
Taehan Textile Company Ltd. Head Office Building, in: *Architecture and Environment*, April 1994
Hyosung Corporation Head Office Building, in: *Architecture and Environment*, April 1994
Daewoo Executive Training Center, in: *Architecture and Environment*, August 1994
Ajou University Hospital, in: *Architecture and Environment*, November 1994; in: *Plus*, November 1994; in: *Architectural Culture*, December 1994
New National Museum – Competition Entry, in: *Plus*, December 1995
Artsonje Center, in: *Space*, August 1998; in: *Plus*, September 1998
Institute for Advanced Engineering, Yongin, in: *CA Contemporary Architecture*, November 1998
"A One Country Club Clubhouse," in: *Architecture and Environment*, February 2000
SK Corporation Headquarters Office Building, in: *Architectural Culture*, March 2003

Bildnachweis | Photo Credits

Jong Soung Kimm: 29–30, 40, 43–45, 77

Chung Eui Lim: 88–89, 94

Ho Kwan Park: 17, 19, 21, 23–24, 26–27, 31–37, 46–49, 52, 54–55, 57, 62–63, 67, 71–75, 78–79, 81–83, 85, 87, 91, 93, 95, 98–99, 101–103, 109–115

Young Che Park: 56, 64–65

Jong Soung Kimm, FAIA, FKIA

Jong Soung Kimm, geboren 1935 in Seoul, begann sein Studium der Architektur an der Seoul National University und schloss es mit dem Bachelor und Master am Illinois Institute of Technology (IIT) ab. Während der sechziger Jahre arbeitete er im Büro Mies van der Rohes und lehrte für 12 Jahre am IIT – bis 1978, dem Jahr, in dem er die im Bereich Architekturdesign tätige Beratungsfirma SAC International, Ltd., Architects-Consultants aufbaute. Kimm schuf zusammen mit SAC verschiedenartige Bauwerke, unter anderem das international viel beachtete Weightlifting Gymnasium für die Olympischen Spiele von 1988 in Seoul, das Sonje Museum of Contemporary Art in Kyongju, das Energy Systems Research Center und das Universitätskrankenhaus der Ajou University in Suwon, das Hilton International Hotel in Seoul und die kürzlich fertiggestellte Zentrale der SK Corporation in Seoul.
Jong Song Kimm nahm als Redner oder Gast von Podiumsdiskussionen an solch internationalen Veranstaltungen teil wie dem UIA Congress in Montreal, 1990, der ANYWISE Conference in Seoul, 1995, der Konferenz des Getty Research Institute for the History of Art and the Humanities in Los Angeles, 1998, und dem Weltkongress des Council on Tall Building and Urban Habitat in Melbourne, 2001. Kimm fungierte als Preisrichter bei zahlreichen internationalen Wettbewerben sowie als Präsident der Jury desjenigen für das Grand Egyptian Museum im Jahr 2002/03. Er war auch Kommissar für den koreanischen Pavillon der Architekturbiennale in Venedig 2002.
Jong Soung Kimm ist Mitglied des American Institute of Architects und des Korean Institute of Architects. Er gehört zurzeit dem Board of Overseers (Beratungs- und Kontrollorgan) des College of Architecture des Illinois Institute of Technology an.

Dr. In Ha Jung

In Ha Jung ist Professor an der Hanyang University in Seoul und lehrt dort seit 1995 Architekturgeschichte und Architekturtheorie. Er wurde 1964 in Taegu, Korea, geboren, studierte Architektur an der Seoul National University und promovierte an der Université Paris I (Panthéon-Sorbonne). 2007 folgte er einer Einladung der Graduate School of Design, Harvard University, um als Gastwissenschaftler an einer Studie über moderne ostasiatische Architektur und Urbanismus mitzuarbeiten. Mit seinen zuletzt veröffentlichten Büchern, *Architect Swoo-Geun Kim. In Search for Korean Spatiality* (Seoul: Spacetime, 2000), *Architect Jung-Up Kim. A World of Poetic Resonance* (Seoul: Spacetime, 2000) und *Contemporary Architecture and Non-representation* (Seoul: Arcanet, 2006), versucht Jung, die Modernisierung der koreanischen Architektur und des städtischen Raums aus einer poststrukturalistischen Sicht zu erläutern.

Jong Soung Kimm, FAIA, FKIA

Born in Seoul in 1935, Jong Soung Kimm began his architectural studies at the Seoul National University, and obtained B.Arch. and M.Arch degrees at the Illinois Institute of Technology (IIT). Kimm worked in the office of Mies van der Rohe during the 1960's and taught architectural design at IIT for a dozen years until 1978, the year he organized the architectural design consultancy SAC International, Ltd., Architects-Consultants. Over the last 30 years, Kimm and SAC have produced buildings of diverse types, including the internationally recognized Weightlifting Gymnasium for the 1988 Seoul Olympics; the Sonje Museum of Contemporary Art in Kyongju; the Energy Systems Research Center and the University Hospital for the Ajou University in Suwon; the Hotel Hilton International In Seoul, and the recently completed Headquarters Building for the SK Corporation in Seoul.
Jong Soung Kimm has actively participated as lecturer or panelist in such international events as the UIA Congress in Montreal, 1990; ANYWISE Conference in Seoul, 1995; the conference of the Getty Research Institute for the History of Art and the Humanities in Los Angeles, 1998; the World Congress of the Council on Tall Buildings and Urban Habitat in Melbourne, 2001. Kimm has served as jury member for numerous international competitions, and as jury president for the Grand Egyptian Museum competition in 2002–03. Kimm served also as Commissioner for the Korean Pavilion at the 2002 Venice Biennale's Architecture Exhibition.
Jong Soung Kimm is a Fellow of the American Institute of Architects, and of the Korean Institute of Architects. He is currently a member of the Board of Overseers of the College of Architecture at the Illinois Institute of Technology.

In Ha Jung, Ph.D.

In Ha Jung is a professor at the Hanyang University in Seoul, where he has taught architectural history and theory since 1995. Born in 1964 in Taegu, Korea, he received his architectural education at the Seoul National University and earned a Ph.D. from the University of Paris I (Pantheon-Sorbonne). In 2007, he was invited by the Graduate School of Design, Harvard University as a visiting scholar to collaborate on the study of the modern East Asian architecture and urbanism. Through his recent books, *Architect Swoo-Geun Kim. In Search for Korean Spatiality* (Seoul: Spacetime, 2000), *Architect Jung-Up Kim. A World of Poetic Resonance* (Seoul: Spacetime, 2000), and *Contemporary Architecture and Non-representation* (Seoul: Arcanet, 2006), Jung attempts to clarify the modernization of the Korean architecture and urban space from a post-structuralist perspective.